emiliano zapata vidas rebeldes **emiliano zapata**

emiliano zapata

compilado por juana rosales garcía

vidas rebeldes

ocean
sur
O 7 SEVEN STORIES

New York • Oakland • London

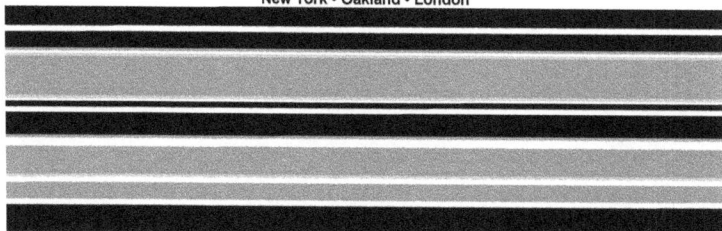

Seven Stories Press/Ocean Sur
140 Watts Street
New York, NY 10013

www.sevenstories.com

ISBN: 978-1-925019-71-1

153694849

Índice

Notas sobre esta edición

Los datos, referencias y apuntes que aparecen en la introducción de este libro, así como los fragmentos seleccionados fueron tomados de los textos reunidos en la *Biblioteca de documentos del líder agrarista* (http://www.bibliotecas.tv/zapata) y *Breve historia de la Revolución Mexicana*, de Jesús Silva Herzog, Editorial de Ciencias Sociales, La Habana, 1969.

En este volumen se han compilado y hecho referencia a aquellos documentos que revelan la esencia radical del pensamiento de Zapata con respecto a la Revolución Agraria: manifiestos, discursos, decretos, cartas, entre otros.

No hemos corregido erratas ni actualizado criterios ortográficos del autor. La biografía introductoria y la cronología han sido concebidas por la autora a partir del estudio y el cotejo de datos obtenidos en la investigación.

En el acápite correspondiente a la Bibliografía se recoge un conjunto de libros, ensayos y artículos sobre Zapata, que constituyen una obligada referencia para el conocimiento de esta personalidad histórica.

Zapata, rebelde indomable

Emiliano Zapata fue un dirigente político de gran estatura y firmeza moral, que a través de su corta e intensa vida —muere a los 39 años— dio muestras de una postura incorruptible en su desempeño político. En esta personalidad histórica, podemos constatar las caracterísiticas del dirigente revolucionario al servicio de su pueblo, cuya acción cotidiana y conducta se caracterizan por una ética del sacrificio y el deber. Aunque sus enemigos lo tildaban de bandolero y saqueador, el que fuera llamado Caudillo del Sur, fue admirado y querido por los más humildes, y su vida ha inspirado innumerables leyendas. Los «corridos», más que la historia oficial, inmortalizan su figura y la hacen carne y sentir del pueblo.

Emiliano Zapata nació en San Miguel de Anenecuilco, Estado de Morelos, el 8 de agosto de 1879, en el seno de una humilde familia campesina. Su infancia y juventud transcurren en el contexto de la dictadura de Porfirio Díaz (1877-1911). Recibió una pobre instrucción escolar. Sus primeros estudios los realizó con el profesor Emilio Vera, quien había sido un viejo soldado juarista. Sus lecturas favoritas eran las obras históricas.

Como las tierras en que se asentaba el caserío de Anenecuilco eran muy estériles y pobres, la familia Zapata tuvo que ampliar sus actividades, encaminándolas a la pequeña ganadería.

El padre de Zapata instruyó a sus hijos en las labores del campo y en las del ranchero criador de ganado; les enseñó la máxima de que *para comer en la casa hay que sudar en el surco y el cerro, pero no en la hacienda*. Con estos principios, el trabajo se incorpora a su vida desde la adolescencia. Laboró como peón, aparcero, arriero. De él también heredará el pensamiento con el cual se identifica desde muy joven: *la tierra es de quien la trabaja*.

Con solo 16 años Zapata pierde a su madre y unos meses después a su padre. El patrimonio que recibió en herencia fue suficiente para no tener que prestar sus servicios como peón en las ricas haciendas que rodeaban Anenecuilco; entonces se dedica a las labores en su propiedad.

Las tempranas inquietudes por la justicia social y su rebeldía contra los abusos de los terratenientes se manifestaron en el apoyo que brindaba a sus vecinos. El prestigio que alcanza Zapata se manifiesta en septiembre de 1909, cuando en una reunión celebrada en Anenecuilco, fue elegido presidente del Consejo Comunal en defensa de las tierras, y de hecho se convierte en el dirigente agrario del estado de Morelos.

Zapata había arribado a la seguridad de que solo arrebatando la tierra a los oligarcas, podían los campesinos obtener sus demandas. Con el apoyo de estos y de las comunidades indígenas, se da el derecho a la toma de tierras y la expropiación de los terratenientes. Sería esta su primera práctica de ejercicio político y militar alternativo, basado en la participación directa y en la iniciativa del campesinado y el proletariado agrícola de la región.

Comienza en estas luchas iniciales a formarse el perfil del caudillo agrarista, intenso y rebelde, capaz de inmolarse por la causa noble de sus compañeros. Vestía ropa típicamente mexicana, sencilla, verdadero traje de charro, de cuero, sin los pretenciosos adornos de oro o plata. Era alto, delgado, moreno, y se le recuerda con un gran porte de seguridad. Los que lo conocieron afirman que «en la firmeza de su mirar había una infinita dulzura», y que «había en su voz al hablar de los indios, una suavidad de infinito amor». Dado al riesgo y la audacia personal, fue conocido por sus intensa pasiones amorosas.

Para algunos de sus biografos, el rapto de la joven Inés Alfaro Aguilar, con la que tendría varios hijos, le obliga a enrolarse en el ejército. Así llega al IX Regimiento con sede en Cuernavaca. Sin cumplir los dos meses de servicio, Zapata es dado de baja, por influencias del dueño de la hacienda de Tenextepango, quien se lo llevó a la Ciudad de México. Pero al inquieto joven no le interesa la capital y decide volver a su pueblo.

De regreso a su región natal, comprueba que nada ha cambiado. Ante la indolencia del gobierno por resolver el problema agrario, vuelve a liderar la revuelta campesina y realiza diferentes repartos de tierras de la comunidad, en los llanos de Huajar, en Anenecuilco, Villa de Ayala y Moyotepec.

Si bien Zapata no participó activamente en la campaña presidencial de Francisco I. Madero (1873-1913), cuando este promulgó el Plan de San Luis Potosí, donde se manifestaba la restitución de tierras a las comunidades despojadas, inmediatamente decidió apoyarlo.

El 11 de marzo de 1911, a las once de la noche, en recuerdo de que a esa hora fue el Grito de Dolores, se levantan en armas en la plaza principal de Villa de Ayala, Emiliano Zapata, Rafael Merino y Próculo Capistrán. Zapata y sus compañeros se unen al movimiento guerrillero de Madero contra el dictador Porfirio Díaz (1830-1915) y es designado Jefe Supremo del Movimiento Revolucionario del Sur. Luego de dividir a sus hombres y nombrar a los respectivos jefes de cada grupo, entró en Jolalpan, Puebla, Axochiapan y Teotlalco.

Asume la jefatura de las fuerzas maderistas en Morelos. Los contingentes de Zapata suman ya unos mil hombres con las guerrillas de Jesús Morales, Jesús Jáuregui, Francisco Mendoza, Emigdio Marmolejo, Rafael Merino y Pablo Brito. Atacan Jonocatepec, y se destacan en Jojutla, Cuautla y Cuernavaca. Este fue un año crucial en la vida del líder: se producen diferentes reuniones e intercambios con Madero, en los cuales Zapata abogaba por la devolución de las tierras a los campesinos. Mientras, va ganando prestigio y fuerza.

En comunicación con Madero le cuestiona el liderazgo de la Revolución y le advierte que al pueblo no se le engaña y si no cumple sus compromisos, con las mismas armas que lo elevaron, lo derrocarán. Frente a la incapacidad de Madero en cumplir los objetivos de la Revolución, Zapata se rebeló contra este en Morelos, a causa del retraso en la restitución de las tierras a las comunidades indígenas, acordado en el Plan de San Luis e inició una nueva ofensiva. A Zapata muy poco le importaba la política ni el sufragio. Su mayor interés era resolver el problema de la tierra, lograr la verdadera justicia que el pueblo merecía, tras largos años de opresión.

La vida guerrillera identifica a este líder, quien se mantuvo sobre las armas entre 1911 y 1919, año de su vil asesinato.

Culminación de todos los afanes de Zapata fue la redacción en noviembre de 1911 del Plan de Ayala, texto fundamental del ideario zapatista, que figura entre los documentos más avanzados —y más conocidos— de la Revolución Mexicana.

En el Plan se acusa a Madero por falta de entereza y debilidad al no cumplir las promesas del Plan San Luis y por haber traicionado de hecho la voluntad del pueblo. Los que se adhirieron al Plan de Ayala, eligieron jefe de la Revolución a Pascual Orozco (1882-1915), militar maderista de gran prestigio. Añadían que si Orozco no acataba el cargo, entonces lo sustituiría el general Zapata. Enarbolaron la bandera de la Reforma Agraria como prioridad y solicitaron la renuncia del Presidente.

El Plan de Ayala —que se proclamaba en *...virtud de que la mayoría de los pueblos mexicanos, no son mas dueños que del terreno que pisan*— avalaba la redistribución de la tierra a los pueblos, comunidades indígenas y pequeños campesinos, o sea, la base de la democracia con la que se intentó proclamar la independencia del movimiento campesino respecto a la dirección burguesa de la Revolución. En él se afirmaba la expropiación completa de las tierras de los grandes propietarios, la devolución de todos los terrenos comunales arrebatados en los decenios anteriores y la nacionalización de los bienes de los enemigos de la Revolución.

El Plan se transformó en la bandera política con la que Zapata y sus seguidores desafiaron todo el orden burgués y los sucesivos gobiernos que lo representaron: Madero, Huerta y Venustiano Carranza (1860-1920). La aplicación del programa zapatista significaba la destrucción de las bases económicas y políticas del régimen capitalista mexicano. La novedad que presentaba este Plan consistía en que, por primera vez, los campesinos luchaban con su propio programa; por esto, su significación histórica fue importante.

En consecuencia, en 1912, desde su campamento revolucionario en Morelos, en una conferencia con un comisionado de Madero, el líder del Ejército Libertador del Sur, define los objetivos y principios más trascendentes de la Revolución:

> [...] reforma política y reforma agraria, que es la que puede dar el bienestar y la paz que se desea: la revolución sintetiza, encarna o representa las aspiraciones de varios millones de hombres; sintetiza el adelanto, el progreso, la reforma en una palabra: el avance y la regeneración de un país oprimido por un feudalismo que agobia hace más de cuatro siglos a la inmensa mayoría de los mexicanos.

Durante todo ese año continúa extendiendo la insurrección hacia el centro y el sur del país.

En la Ciudad de México tuvo lugar en febrero de 1913 la que se denominó «Decena trágica», enfrentamientos armados entre las tropas gubernamentales divididas en leales y contrarias a Madero, que terminaron con el golpe de Estado de Victoriano Huerta. Con el apoyo del gobierno de los Estados Unidos y la conspiración del embajador estadounidense, Henry Lane Wilson, el general Huerta destituyó a Madero y se autoproclamó presidente. El 22 de febrero el presidente Madero y el vicepresidente José María Pino Suárez fueron asesinados impunemente por órdenes de Huerta, con la complicidad de Wilson.

En las huestes revolucionarias, Zapata siguió fiel a sus principios y denunció al gobierno provisional como un cuartelazo no emanado de la Revolución e impartió instrucciones en diferentes llamamientos, proclamas, cartas y manifiestos para seguir luchando por los ideales de Tierra y Libertad. Con el estandarte del Plan de Ayala continuó expandiendo la lucha armada indígena y campesina en el sur y centro del país.

Todo empeño de Huerta por aniquilar a los zapatistas terminó en el fracaso. A Zapata, a quien también la prensa calificaba como el «Atila del Sur» y continuaba acusándolo de ser un bandido, lo seguían miles de campesinos que apoyaban su Plan de Ayala. Casi todo el país estaba en poder de la Revolución.

En un Manifiesto a la Nación del 20 de octubre de ese año, Zapata explicaba el enigma de su «indomable rebeldía» y hacía un llamado a todos los mexicanos para que se unieran a la Revolución, única garante de la salvación de la República. Denuncia a los gobiernos desde Porfirio Díaz hasta Victoriano Huerta, todos violadores de la soberanía popular. Zapata ratifica el Plan de Ayala en la creencia de que este resolvería los problemas del país. Independientemente de que creían que México —cada vez desvastado por las guerras y las intervenciones yanquis— aún poseía enormes riquezas vírgenes, el manifiesto demuestra la pureza de ideales de los zapatistas.

Zapata también imparte instrucciones para establecer el reparto de tierras pertenecientes a los enemigos de la Revolución y defensores de la dictadura huertista, conforme a lo previsto en el Plan de Ayala. En las zonas zapatistas, siempre el caudillo tuvo una gran preocupación porque no se cometieran excesos de ninguna índole y porque las medidas que se tomaran estuvieran acorde con sus preceptos.

Tras la caída de Huerta en julio de 1914 —acelerada por la intervención norteamericana en Veracruz con la cual se volvía a a ultrajar el suelo mexicano—, y cuando se creía que la lucha iba a terminar, pues se esperaba que el constitucionalista Venustiano Carranza hiciera suyos los postulados del Plan de Ayala, después de ocupar la Ciudad de México el 15 de agosto, Carranza manifestó sus ideas antiagraristas y dijo que la paz solo se hacía con la sumisión incondicional de las fuerzas zapatistas a las constitucionalistas, y que no podía reconocer lo que los surianos habían ofrecido porque los hacendados tenían sus derechos sancionados por las leyes y no era posible quitarles sus propiedades para darlas a quien no tenía derecho. Enviados de Carranza se entrevistan en Cuernavaca con Zapata para llegar a un entendimiento, mas el revolucionario del Sur propone adherirse al constitucionalismo a condición de que se reconozca el Plan de Ayala en todas sus partes y Carranza se retire del poder.

El 17 de agosto Zapata escribió a Carranza y le dijo que si él obraba de buena fe, no debía temer por ninguna cláusula del Plan de Ayala, sino que «con todo desinterés y patriotismo» debía dejar «que la grandiosa obra del pueblo que sufre» se realizara sin obstáculos. Las negociaciones entre ambas fuerzas fracasaron y al poco tiempo comenzaron las hostilidades entre constitucionalistas y zapatistas.

A finales de ese mes, Zapata escribe una carta al presidente de los Estados Unidos, Woodrow Wilson (1913-1921), en la que le explica las causas de la Revolución que acaudilla, condena las ambiciones de Carranza «hombre capaz de ejercer las más sangrienta de las dictaduras» y termina puntualizando que siempre que la política de ese país «respete la autonomía del pueblo mexicano para realizar sus ideales tal [y] como el los entiende y los siente yo seré uno de los muchos simpatizadores con que usted cuenta en esta República». Esta misiva evidencia que Zapata tuvo claridad de que la Revolución que él propugnaba, también se levantaba como una fuerza de contención frente a la influencia y el expansionismo norteamericano, que señalaba el camino que podían seguir otros pueblos del continente cuyas condiciones históricas eran semejantes.

La élite del poder imperialista en los Estados Unidos, adquirió rápida conciencia del peligroso proceso político y social que se desencadenó en México. Por ello utilizaron contra la Revolución y sus liderazgos más radicales todos sus mecanismos de intervención, atropello y criminalidad. Una y otra vez durante todo el proceso revolucionario, los gobernantes del país que ya le había arrebatado a México la mitad del territorio, conspirarán para frenar el movimiento popular, asesinar a sus líderes más representativos, y alentar a las fuerzas reformistas, reaccionarias y contrarrevolucionarias. Es por ello que la Revolución popular y agraria será también, necesariamente antiimperialista.

Días después en el campamento revolucionario de Milpa Alta, Zapata escribe un Manifiesto al Pueblo Mexicano, donde puntualiza que la Revolución no se había hecho «para satisfacer los intereses de una personalidad, de un grupo o de un partido» y que el establecimiento de un gobierno militar y despótico no iba a lograr la pacificación del país, la cual solo se ganaría si los constitucionalistas aceptaban los tres grandes principios que consigna el Plan de Ayala: expropiación de tierras por causa de utilidad pública, confiscación de bienes a los enemigos del pueblo y restitución de sus terrenos a los individuos y comunidades despojados. La respuesta de Carranza fue negar los postulados del Plan de Ayala.

En el transcurso de 1914, Carranza convocó a sus gobernadores y generales a una Convención Militar en Aguascalientes, con el objeto de acordar las reformas sociales, fijar la fecha de las elecciones, formular el programa de gobierno y discutir otros asuntos de interés nacional. Zapata y Villa no son invitados a participar inicialmente. Ante el error cometido, la Convención acuerda invitar al Caudillo del Sur. El general Zapata, deseoso de que se hiciera la paz en la República, así como de que se implantaran los postulados contenidos en el Plan de Ayala, aceptó la invitación y designó una comisión para que asistiera a esta cita, con instrucciones precisas de luchar hasta conseguir que dicha asamblea hiciera suyos los principios sostenidos por el Ejército Libertador del Sur.

Durante la Convención (octubre y noviembre) afloraron las divergencias que existían en el ejército constitucionalista entre un ala campesina representada por Villa, que pronto se alió a los delegados del ejército zapatista y otra burguesa: Álvaro Obregón-Carranza. Todos los esfuerzos que se realizaron para lograr la unidad de las diferentes fuerzas fracasaron.

La Convención aprobó diferentes artículos del Plan de Ayala, lo que significó el reconocimiento oficial de la Revolución campesina, y decidió que Carranza cesará en sus funciones. Pero Carranza se negó a acatar esas decisiones, lo que generó que Zapata y Villa unieran sus tropas para derrotarlo.

Si bien Zapata y Villa entraron poco después en la capital, su incapacidad política para dominar el aparato del Estado y las diferencias que surgieron entre los dos caudillos, a pesar de que Villa había aceptado el Plan de Ayala, alentaron la reacción carrancista. En su avance irresistible, la Revolución campesina no tardó en llegar al corazón del Estado Mexicano.

En diciembre se reunieron por primera vez los generales Emiliano Zapata y Francisco Villa en la localidad sureña de Xochimilco, Distrito Federal, donde suscribieron un pacto por el cual se comprometieron a luchar juntos en contra de Carranza, y desfilaron por las principales calles capitalinas, al frente del Ejército Libertador del Sur y de la División del Norte, respectivamente.

En febrero de 1915 Zapata le comunica por carta a Villa que tiene «sitiado al enemigo carrancista tanto en la Ciudad de México como en Puebla y las fuerzas de mi mando, constantemente lo hostilizan haciéndole numerosas bajas; solamente a la escasez de parque se debe que no hayamos tomado la Ciudad de México, pues mis tropas están bastante bien dispuestas», pero en el transcurso de 1915 las tropas de Villa y Zapata se vieron obligadas a retroceder y a abandonar la ciudad definitivamente en agosto, cuando los carrancistas volvieron a instalarse.

Mientras tanto, Carranza, reconociendo que la única manera de terminar con la oposición villista y zapatista y establecer un nuevo régimen era solucionar el problema agrario, se abocó a la creación de una legislación que pusiera en marcha la división de los latifundios y la redistribución de las tierras a manos de los campesinos. Por esto, reformó el Plan de Guadalupe, atribuyéndose la capacidad de expedir una legislación agraria. En 1915, Carranza, sancionó una ley que serviría de base para la Constitución de 1917, en cuyo artículo 27 se estipularon los cimientos de la Reforma Agraria.

Desde su cuartel general, a través de diferentes manifiestos, Zapata criticó los errores de Carranza y exhortó a los revolucionarios y a los mexicanos en general a unirse a su movimiento revolucionario. Explicaba que para lograr resolver el problema de la tierra y la emancipación del campesino, era impostergable la caída del gobierno, cuyos soldados no eran más que aventureros sin escrúpulos ni conciencia, furiosos adversarios sin bandera ni principios, que tenían como programa el pillaje y como ideales el saqueo y el botín.

En 1917, el ejército zapatista finalmente logró expulsar a las tropas carrancistas de los estados de Morelos y Guerrero, reinstalando el cuartel general del Ejército Libertador en Tlaltizapan, Estado de Morelos, donde continuó trabajando por la implantación de los postulados del Plan de Ayala.

Para 1918, el movimiento zapatista atravesó por graves circunstancias; no solo tuvo que enfrentar a las tropas enemigas, sino que en su seno se suscitaron algunas divisiones y disputas. El 18 de agosto de ese año los carrancistas se apoderaron nuevamente de las plazas principales del Estado de Morelos y desataron una encarnizada persecución contra el Caudillo del Sur y sus hombres. Las actividades militares en forma de guerrillas se redoblaron y gracias a eso los carrancistas no pudieron expulsar al jefe de la Revolución Agraria, quien trasladó su cuartel general a las estribaciones del Popocatépetl.

No obstante su unidad y el apoyo que recibieron de las comunidades y poblados morelenses, el zapatismo fue perdiendo terreno, posiciones y hombres. Pero a pesar de su notoria debilidad, seguía siendo uno de los principales problemas del gobierno de Venustiano Carranza.

A principios de 1919 la efervescencia política en el país era evidente a causa de las elecciones presidenciales. En el *Manifiesto al pueblo y a los revolucionarios mexicanos* para postular a Francisco Vázquez Gómez como jefe de la Revolución Mexicana, de febrero de ese año, Zapata explica la necesidad de designar un presidente provisional que sea civil y de convicciones revolucionarias cuyo gobierno procederá a poner en práctica un programa, que será apoyado por los miembros del ejército revolucionario.

El enfrentamiento político mayor de Zapata al régimen carrancista la constituyó su carta abierta del 17 de marzo de 1919, en la que acusaba públicamente al Presidente de ser la causa de todos los males que sufría el país y donde lo incrimina por haber utilizado su ambición de poder para encumbrarse y en beneficio propio y de sus amigos. La crítica profunda de este documento exasperó a Venustiano Carranza, quien reafirmó su decisión de aniquilar al movimiento del Sur y a su caudillo. En la tarde del 10 de abril se consumó la vil traición en una emboscada planificada por Carranza en la hacienda de Chinameca donde fue asesinado el líder campesino.

II

Zapata desarrolla sus ideas políticas en el contexto histórico e ideológico de la Revolución Mexicana, la revolución agraria y social más trascendental del área en su época, la cual, desde 1910, va a cuestionar violentamente los fundamentos del poder del régimen estructurado con la primera independencia latinoamericana. Los descendientes de quienes pelearan junto a Hidalgo y Morelos conforman las masas de hombres y mujeres que siguen a los caudillos populares bajo la consigna de Tierra y Libertad. Zapata, junto a Francisco Villa (1878-1923), encabeza los sectores más radicalizados en el planteo de la liquidación efectiva del latifundio. Así se constituye el primer movimiento de reivindicación popular en el siglo XX, que apuntó con certeza a las raíces de la injusticia social y luchó con extraordinario heroísmo por la dignificación de las masas explotadas por los terratenientes nativos y los capitalistas extranjeros.

En el Manifiesto al Pueblo Mexicano del 23 de abril de 1918, Zapata explica que esta concepción unitaria de campesinos y obreros constituía una premisa necesaria para el logro de los objetivos de la revolución: redimir a la raza indígena, devolviéndoles sus tierras, y por lo mismo, su libertad; conseguir que el trabajador de los campos, el actual esclavo de las haciendas, se convierta en hombre libre y dueño de su destino, por medio de la pequeña propiedad; mejorar la condición económica, intelectual y moral del obrero de las ciudades, protegiéndolo contra la opresión del capitalista; y abolir la dictadura y conquistar amplias y efectivas libertades políticas para el pueblo.

Zapata logra inspirarse en los grandes acontecimientos de la lucha de clases internacional, actitud que le llevó a comprender la importancia del internacionalismo y lo que representó la Gran Revolución Socialista de Octubre, cuya influencia llegaría a América Latina cuando aún no se habían apagado los momentos más radicales de la Revolución Mexicana. Para los revolucionarios mexicanos el acontecimiento bolchevique constituía un motivo de reafirmación, una fuerza más que ganaban sus más preclaros líderes.

En la carta escrita a Genaro Amezcua (quien fuera enviado personalmente por Zapata a La Habana para explicar su causa), que este publicó en mayo de 1918 en el diario *El Mundo*, da cuenta de la clara percepción que tuvo Zapata sobre la Revolución Rusa:

[...] mucho ganaría la humana justicia —asevera— si todos los pueblos de nuestra América y todas las naciones de la vieja Europa comprendiesen que la causa del México revolucionario y la causa de la Rusia irredenta, son y representan la causa de la humanidad, el interés supremo de todos los pueblos oprimidos.

A Zapata casi siempre se le identifica como agrarista y líder político militar. Sin embargo, es justo e importante destacar su desempeño jurídico. De ello hablan los decretos referentes al ordenamiento municipal.

La Ley sobre libertades municipales sustenta que la base de la organización democrática del Estado debía ser el municipio libre, y que la intervención popular en asambleas y la revocación de los mandatos si era necesario, garantizarían la capacidad popular de participar en los grandes problemas, en la vida cotidiana de la comunidad y decidir al respecto, controlando las arbitrariedades y la corrupción, pues consideraba que la libertad municipal es la primera y más importante de las instituciones democráticas y por ello: «Todos los pueblos de la república cualquiera que sea la categoría de ellos, procederán a nombrar a sus representantes para las cuestiones de tierras, montes y aguas».

En los decretos dictados durante 1917, reglamenta incluso sus obligaciones y la de sus generales y los derechos y deberes de los morelianos.

Zapata, apenas letrado, hace hincapié en la educación popular, llamando a construir todas las escuelas que fueran posibles y a lograr mediante la acción de los concejos municipales que los padres se preocuparan por la asistencia de sus hijos a las mismas. En diferentes circulares instruía a los ayuntamientos para dar un «impulso generoso tendiente a la educación de la niñez, que constituye la generación del mañana».

Zapata respetaba además al culto, en la tradición de los campesinos partidarios de la Reforma que eran religiosos, pero no el poder del clero.

El líder agrarista se preocuparía por el funcionamiento del gobierno local. Publicó una Ley Orgánica Municipal, y estableció que los municipios serían administrados por los ayuntamientos y los ayudantes electos popularmente; estos no se mezclarían en la política y no serían reelectos, con el objetivo de llevar hombres nuevos a las funciones públicas, en sustitución de los funcionarios ya viciados de las épocas anteriores.

La concepción del servicio social del gobernante y del poder del pueblo para cesar en el cargo a quienes incumplieran sus obligaciones, se refleja en la atribución que otorga al Consejo Revolucionario para controlar al Gobernador (o sea, a él mismo) e incluso de revocarlo, si tomase medidas contra los intereses de la Revolución.

Zapata establece que ni el consejo ni los municipios, podían nombrar en ningún puesto a enemigos de la Revolución no ajenos a ella. Como base de la democracia real, reafirma el derecho del pueblo a armarse en su defensa, incluso contra los jefes y los soldados revolucionarios, construyendo así el poder estatal sobre la base de las milicias populares, de la democracia asambleria directa y de la independencia de la comunidad del propio ejército revolucionario.

La notable preocupación de Zapata por el medio ambiente, la salud e higiene, se hace evidente en sus decretos sobre la preservación del agua y contra la contaminación y las miasmas, pone el suministro de alimentos, subsidiados si es necesario, por sobre las ganancias de los comerciantes.

Para las zonas controladas por las fuerzas revolucionarias, Zapata redactó un documento donde especificaba que todo individuo sorprendido en delito de robo, violación, allanamiento de morada o rapto con violencia, sería juzgado en consejo sumario y pasado por las armas. Y con una preocupación social y democrática muy poco común en la época, se preocupa por establecer principios y medidas para que la vida en las cárceles fuera humana y sirviera para reeducar al transgresor de la ley.

Toda la legislación zapatista fue fruto de la experiencia y de la comprensión local originales y tiene sus raíces en la historia profunda del México indígena y campesino, y de su sociedad.

El asesinato de Zapata en Morelos lo elevó a la condición de leyenda, pues simbolizaba los valores de grandes sectores de desposeídos que él representaba y que fueron traicionados.

Zapata ha sido uno de los referentes más importantes del movimiento revolucionario del siglo XX, tanto en México como en el resto de América Latina.

Su legado ha formado base de la lucha de decenas de pueblos por su liberación, por la reivindicación de tierras y por la honestidad administrativa.

El grito de guerra de ¡TIERRA Y LIBERTAD! ¡ZAPATA VIVE! ¡LA LUCHA SIGUE!, ¡LA TIERRA ES DE QUIEN LA TRABAJA!, continúa movilizando a miles de campesinos.

Cronología

8 de agosto de 1879

Nace Emiliano Zapata Salazar en Anenehuilco, Estado de Morelos. Sus padres fueron el agricultor Gabriel Zapata y Cleofas Salazar.

1895

Queda huérfano de ambos padres y debe dedicarse a las labores propias de la vida campesina.

1902-1905

En estos años Zapata participó auxiliando a los pueblos vecinos frente a la injusticia de los hacendados.

1906

Abril Zapata participa en una reunión para plantear al gobernador del Estado de Morelos, el problema de la tierra en su pueblo.

1908

Marzo El presidente Porfirio Díaz, después de casi 30 años en el poder, declara ante el periodista James Creelman que México está preparado para la democracia y que al llegar 1910 se retirará del poder. La entrevista se publica primero en los Estados Unidos y luego en México.

1909

24 de enero Zapata participa en las elecciones que se celebran para elegir al gobernador del Estado de Morelos.

29 de enero Zapata se involucra en la protesta contra los fraudes electorales en Morelos.

4 de febrero Zapata apoya la constitución del Club Melchor Ocampo en Villa de Ayala.

12 de febrero Zapata como parte del Club Melchor Ocampo firma la carta de protesta al Ministro del Interior.

Septiembre Zapata es nombrado presidente del Concejo Comunal en defensa de las tierras y se convierte en dirigente agrario de Morelos.

1910

11 de febrero Zapata ingresa según sorteo al IX Regimiento, Comandancia 82, del ejército federal de Porfirio Díaz, en Cuernavaca, Estado de Morelos.

18 de marzo Sale del ejército federal y el 29 de este mes obtiene la licencia absoluta para separarse del servicio de las armas.

A mediados y finales de ese año, comienza a repartir tierras ante la indiferencia del gobierno por resolver la situación de los campesinos.

Junio Francisco I. Madero, fue postulado candidato a la presidencia por el Partido Antirreeleccionista en contra de Porfirio Díaz, quien hizo detener a Madero y se declaró vencedor en las fraudulentas elecciones del 26 de junio.

5 de octubre Francisco I. Madero proclama el Plan San Luis Potosí que se constituye en el programa político con que inicia la sublevación contra la dictadura de Porfirio Díaz y de hecho la Revolución Mexicana. Emiliano Zapata apoya el Plan de Madero.

Noviembre Tienen lugar levantamientos armados en Chihuahua, San

Isidro, San Andrés, Coahuila, Durango, todos principalmente en zonas rurales.

1911

11 de marzo Zapata se levanta en armas en la Villa de Ayala. Se une a las tropas de Madero contra Porfirio Díaz.

25 de marzo Zapata es designado Jefe Supremo del Movimiento Revolucionario del Sur. Entra en Jolalpan, Puebla.

29 de marzo Al mando de las fuerzas maderistas, el general Zapata toma Axochiapan y asalta la hacienda de Chinameca.

4 de abril Zapata marcha rumbo a las haciendas de Tenango y Santa Clara, para procurarse cabalgaduras y carabinas.

5 de abril La guerrilla zapatista desaloja a unos rurales apodados «cuerudos» y mandados por un coronel Villegas, propietario de muchas tierras en los llanos de Tlaica, haciéndolos huir hacia Cuautla. Los revolucionarios siguen dispuestos a sitiar a Jonocatepec.

17 de abril Ocupan los zapatistas la plaza de Izúcar de Matamoros.

30 de abril Zapata ataca Jonocatepec.

19 de mayo Luego de siete días de combates, salen los federales de Cuautla, Morelos, a donde entran los hombres de Zapata y sitian la ciudad. Establece su cuartel general en Cuautlixco.

25 de mayo El dictador mexicano Porfirio Díaz renuncia a la presidencia y marcha a Francia.

26 de mayo Ocupa la presidencia de la República Francisco León de la Barra.

27 de mayo Entra Zapata con cinco mil hombres a Cuernavaca y ordena la reorganización de los servicios públicos.

8 de junio Madero se entrevista con Zapata, a quien invita para hablar de los problemas de Morelos. Lo escucha y le promete ir a ese Estado.

11 de junio Madero visita Cuernavaca y se entrevista con Zapata.

29 de junio   Respondiendo a un llamado de Madero, llega Zapata a Ciudad de México y le comunica a los periodistas que ha prometido a Madero licenciar a sus tropas y retirarse a la vida privada.

17 de julio   Zapata comunica al secretario de Gobernación Vázquez Gómez que se está concentrando armamento en varias haciendas de Morelos y considera que se trata de un complot contra el gobierno.

Agosto   Zapata contrae matrimonio con Josefa Espejo Sánchez.

5 de agosto   Zapata ratifica al nuevo ministro de gobernación García Granados, a través de un telegrama enviado desde Villa de Ayala, su fidelidad a Madero, jefe de la Revolución, y a su gobierno.

8 de agosto   Gira órdenes la Secretaría de Gobernación para que se inicie el licenciamiento de las fuerzas zapatistas. A la par que Zapata iniciaba el licenciamiento de sus tropas y entregaba 3 500 armas, en la Ciudad de México le lanzaban acusaciones de haberse levantado nuevamente en armas.

9 de agosto   Zapata envía un mensaje a Madero desde Villa de Ayala, en el cual le pide que influya en la suspensión del licenciamiento de sus tropas. En otras comunicaciones con Madero durante este mes denuncia el avance de las fuerzas federales contra los zapatistas.

13 de agosto   Conversación telefónica entre Zapata y Madero, donde el Caudillo del Sur acusa al presidente de ir contra la Revolución.

14 de agosto   Zapata expide un documento con las demandas que necesitan se cumplan para continuar el licenciamiento de sus tropas.

27 de agosto   Zapata lanza un Manifiesto al pueblo de Morelos donde expone las promesas hechas y los convenios establecidos con Madero.

29 de agosto   En respuesta a los pronunciamientos de Zapata, el presidente de la República, Francisco León de la Barra, dirige instrucciones al general Victoriano Huerta para que marche al Estado de Morelos e inicie la persecución del líder agrario para lograr su exterminio.

30 de agosto   Zapata pide la devolución de las armas entregadas en el licenciamiento de sus tropas.

1ro. de septiembre   Primer combate contra los zapatistas en Chinameca, atacada por los federales. Zapata logra escapar por los cañaverales, mientras el general Huerta avanza y toma a Villa de Ayala, que encontró desierta, pues los habitantes, hombres y mujeres, se fueron con el Caudillo del Sur.

Octubre   Las fuerzas zapatistas ocupan Topilejo, Tulyehualco, Nativitas y San Mateo en el valle de México, y Milpa Alta.

6 de noviembre   Francisco I. Madero toma posesión como presidente de la República. Zapata le escribe una carta de felicitación.

11 de noviembre   Desde Villa de Ayala, Zapata expone las condiciones para su rendición.

28 de noviembre   Plan de Ayala, programa político agrarista mexicano firmado en la ciudad de Ayala (Morelos), bajo el impulso del revolucionario Emiliano Zapata. En el Plan se desconoce como jefe de la Revolución y presidente de la República a Madero y se reconoce como jefe de la Revolución Libertadora al ilustre general Pascual Orozco.

31 de diciembre   Desde su campamento revolucionario en Morelos expide un Manifiesto donde arenga al al pueblo para seguir en la lucha.

1912

1ro. de abril   Madero rinde el informe de su gobierno a la XXV legislatura. Plantea que son injustificados los movimientos armados de Zapata y Orozco y califica de «hordas vandálicas» a los zapatistas.

30 de abril   En cumplimiento con los postulados del Plan de Ayala, Zapata hizo el primer acto de reivindicación agraria en el pueblo de Ixcamilpa, Puebla, donde restituyó las tierras a sus verdaderos dueños.

19 de julio   Conferencia de Zapata con un comisionado de Madero donde expone los objetivos de la Revolución por la que se ha levantado en armas.

Durante este año se organizan o fortalecen varias agrupaciones obreras al amparo de la libertad preconizada por el regimen maderista.

22 de septiembre Se funda la Casa del Obrero Mundial.

1913

22 de febrero Asesinato de Francisco I. Madero. Primero fue encarcelado y obligado a presentar su renuncia. Golpe de estado de Victoriano Huerta.

4 de marzo Carta de Zapata en la que desconoce a Huerta.

Thomas Woodrow Wilson (1856-1924) asume la presidencia de los Estados Unidos, reeligiéndose posteriormente hasta 1921.

26 de marzo En México, Carranza, formula el Plan de Guadalupe en el que se desconocía a Victoriano Huerta y a los Poderes Legislativo y Judicial.

30 de marzo Conferencia entre Zapata y Otilio Montaño con los enviados de Huerta, donde exige que se establezca el gobierno provisional de la Revolución.

1ro. de mayo La Casa del Obrero Mundial, antecedida por una gran movilización en conmemoración del 1ro. de mayo, lanzó las primeras consignas obreras contra la dictadura. A causa de la brutal represión que le siguió y pese a las contradicciones que subsistían en la dirección del naciente movimiento obrero mexicano, los mas importantes inspiradores de tal acto se unieron a las fuerzas de Zapata.

27 de mayo Huerta disolvió la Casa del Obrero Mundial.

30 de mayo Zapata lanza Manifiesto con modificaciones al Plan de Ayala.

4 de junio Zapata cursa instrucciones a los jefes y oficiales del ejército libertador del sur y centro de la República.

10 de junio Manifiesto a la Nación donde denuncia las arbitrariedades del del régimen huertista y expone la necesidad de realizar la Revolución Agraria.

20 de octubre Zapata lanzó otro manifiesto a la nación, donde justificaba su actitud rebelde y hacía un llamado a todos los mexicanos para que se unieran a la Revolución.

23 de octubre Zapata escribe una carta a Francisco Villa, donde lo nombra jefe de la Revolución en el Estado de Chihuahua.

1914

2 de febrero Zapata cursa carta prohibiendo los abusos en los pueblos tomados por la Revolución.

10 de febrero Zapata prohibe la venta de bebidas alcohólicas en los territorios revolucionarios.

11 de febrero Zapata imparte instrucciones para la repartición de tierras de los enemigos de la Revolución.

19 de febrero Carta de Venustiano Carranza desconociendo al régimen huertista.

19 de junio Se reunen los jefes y oficiales del Ejército Libertador del Sur en San Pablo Oxtotepec, y toman el acuerdo de ratificar el Plan de Ayala.

15 de julio Renuncia del general Victoriano Huerta como presidente interino de la Republica Mexicana.

13 de agosto Los zapatistas toman Cuernavaca.

17 de agosto Carta de Zapata a Carranza donde le explica que no debe temer al Plan de Ayala.

21 de agosto Carta de Zapata a Villa instándolo a que se adhiera al Plan de Ayala.

23 de agosto Carta de Zapata al presidente de los Estados Unidos Woodrow Wilson.

Manifiesto de Zapata al pueblo desde el Campamento de Milpa Alta donde denuncia las maniobras de Carranza en contra del Plan de Ayala.

Septiembre Zapata trata de llegar a la unificación con los jefes revolucionarios del norte y publica un Manifiesto a la Nación.

Octubre Convención de Aguascalientes.

9 de noviembre Carranza desconoce a la Convención y establece su gobierno en Veracruz. Los convencionistas, encabezados por Villa y Zapata, avanzan sobre la Ciudad de México.

3 de diciembre Fuerzas convencionistas, encabezadas por Villa y Zapata, hacen su entrada triunfal en la capital.

4 de diciembre Se reunen por primera vez los generales Zapata y Villa en la localidad sureña de Xochimilco, Distrito Federal.

1915

Enero Zapata continúa siendo el indiscutible jefe de Morelos. Forma milicia activa y lanza manifiestos llamando a la unificación de otros sectores para continuar la lucha campesina.

20 de febrero Zapata mantiene sitiado a los carrancistas en Ciudad de México y Puebla.

10 de abril Carta de Zapata a Villa donde le plantea que no deben admitir la intromisión de los Estados Unidos en los asuntos mexicanos.

Agosto Las tropas de Villa y Zapata abandonan Ciudad de México.

22 de octubre Decreto por el que se expide la Ley General Agraria.

1916

9 de marzo Se expide el programa y las bases de gobierno para el regimen interior del Estado de Morelos.

Villa ataca el pueblo de Columbus, en Nuevo México, territorio estadounidense, como represalia al reconocimiento oficial del régimen carrancista por parte de los Estados Unidos.

15 de marzo En represalia, el presidente estadounidense Woodrow Wilson envía hacia México tropas intervencionistas encabezadas por el general John Pershing, La llamada Expedición Punitiva para capturar a

Pancho Villa no logra cumplir su misión.

10 de julio El general Zapata lanzó un Manifiesto al Pueblo Mexicano, en Quilamula, donde hace responsable a Carranza de la Expedición Punitiva y llama a la unidad nacional para acabar con los traidores.

15 de septiembre Zapata expide una Ley General sobre las libertades municipales.

19 de septiembre Carranza lanza la Convocatoria al Congreso Constituyente.

1ro. de diciembre Convocado por Carranza, inicia sus sesiones el Congreso Constituyente en Querétaro, que se encargará de redactar la nueva Constitución.

1917

Enero El ejército agrarista finalmente logró expulsar a las tropas carrancistas de los estados de Morelos y Guerrero, reinstalando su cuartel general en Tlaltizapán.

5 de enero Zapata dicta Ley orgánica del Cuartel General, dada en el Cuartel General del Estado de Morelos.

20 de enero Manifiesto de Zapata al pueblo mexicano donde denuncia la tiranía carrancista, desde su Cuartel General en Tlaltizapán, Morelos.

3 de febrero Zapata expide la Ley relativa a los representantes de los pueblos en materia agraria.

5 de febrero Es promulgada la Constitución General de la República.

5 de marzo Zapata expide Ley sobre derechos y obligaciones de los pueblos desde su Cuartel General en Tlaltizapán, Morelos.

17 de marzo Zapata expide la Ley general administrativa para el Estado de Morelos.

20 de abril Zapata escribe un Manifiesto al Pueblo Mexicano donde denuncia el carrancismo y ratifica el compromiso de cumplir el Plan de Ayala. También expide la Ley orgánica de Ayuntamientos para el Estado de Morelos.

26 de abril Carranza es declarado presidente electo, con lo que legitima su mandato.

1ro. de mayo Carranza toma posesión de la presidencia de la República.

22 de agosto Desde su Cuartel General en Tlaltizapán, Zapata escribe carta a Genovevo de la O insistiendo en que nombre a una persona para que instale escuelas primarias.

27 de diciembre Zapata escribe un manifiesto desde su Cuartel General, en el cual convoca a la unificación de las fuerzas revolucionarias para combatir a Carranza.

1918

8 de febrero Carta de Zapata a los jefes y oficiales del Ejercito Libertador, desde el Cuartel General en Zacualpan.

14 de febrero Carta de Zapata a Genaro Amezcua desde Tlaltizapán.

15 de marzo Carta de Zapata a los revolucionarios de toda la República, donde llama a la unión de todas las fuerzas rebeldes. También escribe una carta a los obreros de la República desde su Cuartel General en Tlaltizapán.

23 de abril Manifiesto al Pueblo Mexicano donde Zapata llama a la unidad de todas las fuerzas patrióticas y revolucionarias.

1919

1ro. de enero Manifiesto de Zapata al pueblo mexicano sobre la criminal ambición de Carranza.

10 de febrero Manifiesto de Zapata para postular a Francisco Vázquez Gómez como Jefe de la Revolución Mexicana, Cuartel General en el Estado de Morelos. En este manifiesto expone además el programa de la Revolución.

17 de marzo Carta abierta de Zapata a Carranza.

10 de abril Carranza, por medio de un general fiel —Pablo González—, tiende una trampa a Zapata y lo hace asesinar, en la hacienda
Chinameca, en Cuernavaca, Morelos.

documentos

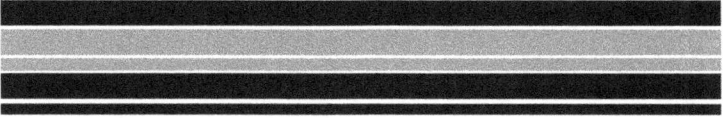

Se forja un revolucionario

Acta de designación de Emiliano Zapata como jefe supremo del Movimiento Revolucionario del Sur

Siendo las 9 de la mañana del día 25 de marzo de 1911 reunidos en el lugar que ocupa la ayudantía del pueblo de Jolalpan, Pue., los C.C. que por acuerdo de todos los Revolucionarios pasan designados como jefes y oficiales del Ejército Libertador del Sur, en virtud del asesinato del Sr. Prof. Don Pablo Torres Burgos, quien fuera el primer jefe nombrado por el Sr. don Francisco I. Madero. Lo anterior lo hacemos conscientes de nuestros deberes y con el fin de que el movimiento revolucionario no sea abandonado, recayendo la designación por unanimidad en favor del Sr. don Emiliano Zapata, firmando para constancia todos los que enseguida se nombran: Cor. Rafael Merino, Cor. Próculo Capistrán, Cor. Margarito Martínez, Cor. Catarino Perdomo, Cor. Jesús Morales, Cor. Francisco Mendoza, Cor. Gabriel Tepepa, Cor. Catalino Vergara, Cor. Juan Sánchez, Cor. Amador Acevedo, Cor. Emigdio Marmolejo, Cor. Jesús Jáuregui, Cor. Maurilio Mejía.

Jolalpan, Puebla,
Marzo 25, 1911

Mensaje de Emiliano Zapata
a Francisco I. Madero

Señor Francisco I. Madero

México, D.F.

Causa mucha indignación en pueblo y Ejército el amago de las fuerzas federales que están con intención de ataque contra nosotros. Si se derrama sangre, no seré yo el responsable, pues usted comprenderá que se trata de asesinar los mismos principios que usted proclamó.

La Nación entera nos contempla con sus ojos; nosotros moriremos, pero los principios que usted inscribió en sus banderas, en Chihuahua, no morirán; nuestra Patria, la Nación entera, los hará revivir si desgraciadamente sucumbieran con nosotros.

Yo he querido a todo trance la paz de nuestro suelo, pero los hacendados «científicos», quieren que el pueblo sea su esclavo, que no ejerza sus derechos de sufragio, que haya presión como en tiempos de la Dictadura, y por esta causa intrigan con el Supremo Gobierno, para que nos asesinen por una petición justa.

Si la Revolución no hubiera sido a medias y hubiera seguido su corriente, hasta realizar el establecimiento de sus principios, no nos veríamos envueltos en este conflicto; sin embargo, tengo fe en que usted solucionará este asunto que conmueve al Estado y conmoverá al país entero cuando sepa los derechos que defendemos.

Yo sé que he sido fiel partidario de usted y del Gobierno. ¿Por qué, pues, por una petición justa mía, del pueblo y del Ejército, se nos trata de reos de grave delito, cuando no hemos tenido otro que el de haber sido defensores de nuestras libertades?

Comprendo perfectamente que tanto a usted como al Supremo Gobierno los han sorprendido los científicos, calumniándonos. El pueblo está dispuesto a probar lo contrario de lo que afirman nuestros enemigos.

Yo, ni por un momento he dudado de que usted sostendrá los principios por los cuales el pueblo mexicano derramó su sangre y en la cuestión a que en este momento me refiero tengo fe y la he tenido siempre, en que usted evitará el derramamiento de sangre que se prepara contra nosotros.

El pueblo y el Ejército Libertador, esperan con ansia que usted les resuelva definitivamente los puntos de su petición y los arreglos que haya tenido con el Supremo Gobierno.

Le suplico atentamente me mande su pronta contestación. Protesto a usted mi atención y respeto y me reitero su fiel subordinado.

El General Emiliano Zapata, Cuautla, Morelos,
Agosto 17, 1911

Manifiesto lanzado por el general Emiliano Zapata al pueblo de Morelos

Desde que os invité en la Villa de Ayala a verificar el movimiento revolucionario contra el déspota Porfirio Díaz, tuve el honor de que os hubierais aprestado a la lucha militando bajo mis órdenes, con la satisfacción de ir a la reconquista de vuestros derechos y libertades usurpadas. Juntos compartimos los azares de la guerra, la desolación de nuestros hogares, el derramamiento de sangre de nuestros hermanos, y los toques marciales de los clarines de la victoria.

Mi ejército fue formado por vosotros, conciudadanos, nimbados por la aureola brillante del honor sin mancha; sus proezas las visteis desde Puebla hasta este jirón de tierra bautizada con el nombre de Morelos, donde no hubo más heroicidad que la de vosotros, soldados, contra los defensores del tirano más soberbio que ha registrado en sus páginas la historia de México; y aunque nuestros enemigos intentan mancillar las legítimas glorias que hemos realizado en bien de la patria, el reguero de pueblos que ha presenciado nuestros esfuerzos contestará con voces de clarín anatematizando a la legión de «traidores científicos» que aun en las pavorosas sombras de su derrota, forjan nuevas cadenas para el pueblo o intentan aplastar la reivindicación de esclavos, de parias, de autómatas, de lacayos.

La opresión ignominiosa de más de treinta años ejercitados por el revolucionario ambicioso de Tuxtepec; nuestras libertades atadas al carro de la tiranía más escandalosa, sólo comparable a la de Rusia, a la de África ecuatorial; nuestra soberanía de hombres libres no era otra cosa que la más sangrienta de las burlas.

La ley no estaba más que escrita y sobre de ella el capricho brutal de la turba de sátrapas de Porfirio Díaz, siendo la justicia un aparato gangrenado, dúctil, elástico que tomaba la forma que se le daba en las manos de jueces venales y sujeto al molde morboso de los señores de horca y cuchillo.

El pueblo mexicano pidió, como piden los pueblos cultos, pacíficamente, en la prensa y en la tribuna, el derrocamiento de la dictadura, pero no se le escuchó; se le contestó a balazos, a culatazos y caballazos; y sólo cuando repelió la fuerza con la fuerza, fue cuando se oyeron sus quejas, y el tirano, lo mismo que la comparsa de pulpos científicos, se vieron vencidos y contemplaron al pueblo vencedor.

La Revolución que acaba de triunfar, iniciada en Chihuahua por el invicto caudillo de la Democracia C. Francisco I. Madero, que nosotros apoyamos con las armas en la mano lo mismo que el país entero, ha tenido por lema «Sufragio Efectivo. No Reelección»; ha tratado de imponer la justicia basada en la ley, procurando el restablecimiento de nuestros derechos y libertades conculcadas por nuestros opresores del círculo porfiriano, que en su acalorada fantasía aún conspiran por sus antiguos privilegios, por sus comedias y escamoteos electorales, por sus violaciones flagrantes de la ley.

En los momentos de llevarse a cabo las elecciones para Diputados a la Legislatura del Estado, los enemigos de nuestras libertades, intrigando de una manera oprobiosa, me calumniaron a mí y al Ejército Libertador que representa nuestra causa, al grado de haberse mandado tropas federales a licenciarnos por la fuerza, porque los señores «científicos» así lo pidieron, para desarmarnos o exterminarnos en caso necesario, a fin de lograr los fines que persiguen en contra de nuestras libertades e instituciones democráticas.

Un conflicto sangriento estuvo a punto de realizarse: nosotros, yo y mi ejército, pedimos el retiro de las fuerzas federales, por ser una amenaza para la paz pública y para nuestra soberanía, e hicimos una petición justa al Supremo Gobierno y al señor Madero, que la prensa recta y juiciosa de la Capital de la República, comentó con su pluma en sabios conceptos en nuestro favor.

Los científicos como canes rabiosos, profirieron contra nosotros vomitando injurias y calumnias, calificándonos de bandidos, de rebeldes al Supremo Gobierno, cosa que ha sido desmentida por la opinión pública y por nuestra actitud pacífica y leal al Supremo Gobierno y al señor Madero.

Los enemigos de la patria y de las libertades de los pueblos, siempre han llamado bandidos a los que se sacrifican por las causas nobles de ellos. Así llamaron bandidos a Hidalgo, a Álvarez, a Juárez, y al mismo Madero, que es la encarnación sublime de la Democracia y de las libertades del pueblo mexicano, y que ha sido el derrocador más formidable de la tiranía, que la patria saluda con himnos de gloria.

El jefe de la Revolución don Francisco I. Madero vino a Cuautla y entre delegados de pueblos y jefes de mi ejército se convino, en bien de los principios que hemos defendido y de la paz de nuestro Estado, en lo siguiente:

1.— Licenciamiento del Ejército Libertador;

2.— Que a la vez que se licenciaba al Ejército Libertador, se retirarían las fuerzas Federales del Estado;

3.— Que la seguridad pública del Estado quedaría a cargo de fuerzas insurgentes de los Estados de Veracruz e Hidalgo;

4.— Que el Gobernador provisional de nuestro Estado sería el ingeniero Eduardo Hay;

5.— Que el Jefe de las Armas sería el Teniente Coronel Raúl Madero;

6.— Que el sufragio de las próximas elecciones sería efectivo, sin amenaza y sin presión de bayonetas; y

7.— Que los jefes del Ejército Libertador tendrían toda clase de garantías para ponerse a cubierto de calumnias.

Estas fueron las promesas y convenios establecidos entre nosotros y el Jefe de la Revolución don Francisco I. Madero, quien expresó estar autorizado por el Supremo Gobierno para llevar a la vía de la realidad lo antes convenido.

Si desgraciadamente no se cumple lo pactado, vosotros juzgaréis: nosotros tenemos fe en nuestra causa y confianza en el señor Madero; nuestra lealtad con él, con la patria y con el Supremo Gobierno ha sido inmensa, pues mis mayores deseos lo mismo que los de mi ejército son y han sido por el pueblo y para el pueblo de Morelos teniendo por base la justicia y la ley.

El General Emiliano Zapata, Villa de Ayala, Morelos,
Agosto 27, 1911

La Revolución Agraria

Plan de Ayala
Versión manuscrita facsimilar [fragmentos]

Plan Libertador de los hijos del Est. de Morelos afiliados al ejército insurgente que defienden el cumplimiento del Plan de San Luis Potosí, con las reformas que ha creído conveniente aumentar en beneficio de la Patria Mexicana.

Los que subscribimos, constituidos en Junta Revolucionaria para sostener y llevar á cabo las promesas que hizo la revolución del 20 de noviembre de 1910, próximo pasado, declaramos solemnemente ante la faz del mundo civilizado que nos juzga y ante la Nación á que pertenecemos y amamos, los principios que hemos formulado para acabar con la tiranía que nos oprime y redimir á la patria de las dictaduras que se nos imponen las cuales quedan determinadas en el siguiente Plan:

1o.– Teniendo en consideración que el pueblo mexicano acaudillado por Dn. Fran/co I. Madero, fue a derramar su sangre para reconquistar sus libertades y reivindicar sus derechos conculcados, y no para que un hombre se adueñara del poder, violando los sagrados principios que juró defender bajo el lema de 'Sufragio Efectivo No Reelección' ultrajando la fe, la causa, la justicia y las libertades del pueblo; teniendo en consideración: que ese hombre á que nos referimos es Dn. Fran/co I. Madero, el mismo que inició la precitada revolución el cual impuso por norma su voluntad e influencia al Gobierno Provisional del ex Presidente de la República Lic. Dn. Fran/co L. de la Barra, por haberle aclamado el pueblo su Libertador causando con este hecho reiterados derramamientos de sangre y multiplicadas desgracias á la Patria de una manera solapada y ridícula no teniendo otras miras que satisfacer sus ambiciones personales, sus desmedidos instintos de tirano y su profundo desacato al cumplimiento de las leyes preexistentes emanadas del inmortal Código de 57 escrito con la sangre de los revolucionarios de Ayutla.; teniendo en consideración: que el llamado Gefe de la revolución libertadora de México, Dn. Fran/co I. Madero, no llevó a feliz término la revolución que gloriosamente inició con el apoyo de Dios y del pueblo, puesto que dejó en pie la mayoría de los poderes gubernativos y elementos corrompidos de opresión del gobierno dictatorial de Porfirio Díaz, que no son, ni pueden ser en manera alguna la legítima representación de la Soberanía Nacional y que por ser acérrimos adversarios nuestros y de los principios que hasta hoy defendemos, están provocando el malestar del país y habriendo nuevas heridas al seno de la Patria para darle á beber su propia sangre; teniendo en consideración que el supradicho Sr. Fran/co I. Madero actual Presidente de la República trata de eludirse del cumplimiento de las promesas que hizo á la Nación en el Plan de San Luis Potosí, ciñendo las precitadas promesas a los convenios de Ciudad Juárez; ya nulificando, persiguiendo ó matando á los elementos revolucionarios que le ayudaron á que ocupara el alto puesto de Presidente de la República por medio de sus falsas promesas y numerosas intrigas á la Nación; teniendo en consideración que el tantas veces repetido Fran/co I. Madero ha tratado de ocultar con la fuerza bruta de las bayonetas y de ahogar en sangre á los pueblos que le piden, solicitan ó exigen el cumplimiento de sus promesas en la revolución llamándolos bandidos y rebeldes, condenando a una guerra de exterminio sin conceder ni otorgar ninguna de las garantías que prescriben la razón, la justicia y la ley; teniendo en consideración que el Presidente de la República Sr. Dn. Fran/co I. Madero, ha hecho del Sufragio Efectivo una sangrienta burla al pueblo, ya imponiendo contra la voluntad del mismo pueblo en la Vice-Presidencia de la República al Lic. José María Pino Suárez, ó ya á los Gobernadores de los Estados, designados por él, como el llamado Gral Ambrosio Figueroa verdugo y tirano del pueblo de Morelos, ya entrando en contubernio escandaloso con el partido científico, hacendados feudales y caciques opresores, enemigos de la revolución proclamada por él, a fin de forjar nuevas cadenas y de seguir el molde de una nueva dictadura, más oprobiosa y más terrible que la de Porfirio Díaz; pues ha sido claro y patente que ha ultrajado la soberanía de los Estados, conculcando las leyes sin ningún respeto á vidas é intereses, como ha sucedido en el Est. de Morelos y otros, conduciéndonos á la más horrorosa anarquía que registra la historia contemporánea; por estas consideraciones declaramos al susodicho Fran/co I. Madero, inepto para realizar las promesas de la revolución de que fué autor, por haber traicionado los principios con los cuales burló la fe del pueblo, y pudo haber escalado el poder, incapaz para gobernar por no tener ningún respeto á la ley y á la justicia de los pueblos, y traidor á la patria por estar á sangre y fuego humillando á los mexicanos que desean sus libertades, por complacer a los científicos, hacendados y caciques que nos esclavizan, y desde hoy comenzamos á continuar la revolución principiada por él, hasta conseguir el derrocamiento de los poderes dictatoriales que existen.

[...]

Pueblo mexicano, apoyad con las armas en la mano este Plan, y hareis la prosperidad y bienestar de la Patria.

Justicia y Ley. Ayala, Nov. 28 – 1911

[...]

Méx. DF, Nov. 10 – 1926, (Suscribe) Gildardo Magaña

Manifiesto expedido por Emiliano Zapata, Campamento Revolucionario, Morelos

Manifiesto

A todos los pueblos en general

En nombre de mi Ejército, que reclama un derecho de reivindicación muy justo en la conciencia de todo buen mexicano, o de otra nacionalidad, que ame a su propia Patria y que tienda a salvarla de monstruos perniciosos que explotan de una manera salvaje el sudor de las frentes de sus hijos, vengo a protestar ante el mundo civilizado que ha hecho a su Patria libre e independiente, encaminándola por el sendero del progreso de su riqueza nacional, contra la prensa alarmista y contra todo ataque a mis denodados soldados que nos llame bandidos, porque bandido no se puede llamar a aquel que débil e imposibilitado fue despojado de su propiedad por un fuerte y poderoso, y hoy que no puede tolerar más, hace un esfuerzo sobrehumano para hacer volver a su dominio lo que antes les pertenecía. ¡Bandido se llama al despojador, no al despojado!

Hago un llamamiento a todos los Pueblos de la República Mexicana, sin distinción de individuos en clases y categorías, a fin de que quiten de su mente todos los temores que la prensa aduladora y enemigos nuestros, tratan de manchar mi honradez y la de mis valientes soldados; que tema, sí, todo aquel individuo que haya explotado, despojando tierras, aguas y montes en gran escala a los pueblos, pero no de una cobardía porque no somos cobardes, pero sí de que todo lo que no es suyo tendrá que devolverlo.

Ofrezco a Uds. queridos pueblos, cuidar de sus intereses y de sus vidas, cuando por fortuna me toque estar en uno de ellos, para cuyo objeto me ocupo en disciplinar debidamente a mis soldados, y éstos se mantendrán acuartelados cuando tengamos la fortuna de tomar a fuerza alguna población de las defendidas por el Autócrata Madero, ¡destructor del Plan de San Luis Potosí!

Ante el mundo entero ofrezco, en nombre de mis soldados y partidarios, obrar como antes he dicho , no respondiendo de aquellos individuos que al nombre de mi bandera se amparen cometiendo atropellos, venganzas o abusos; para éstos excito a todos mis partidarios y pueblos en general los rechacen con energía, 'pues a éstos los considero enemigos míos que tratan de desprestigiar nuestra causa bendita y evitar el triunfo'; inquieran sus nombres verdaderos y no los pierdan de vista, para que reciban el castigo merecido.

Pueblos queridos: el triunfo es nuestro, ya tiemblan los tiranos amigos del retroceso. ¡Adelante! que ya la aurora de la libertad brilla en el horizonte.

Campamento Revolucionario, Diciembre 31 de 1911

Emiliano Zapata, General en Jefe de las Fuerzas del Sur

Reformas al Plan de Ayala

PRIMERO: Se reforma el artículo primero de este Plan en los términos que enseguida se expresan:

Artículo 1° Son aplicables, en lo conducente, los conceptos contenidos en este artículo al usurpador del poder público, general Victoriano Huerta, cuya presencia en la Presidencia de la República acentúa cada día y más su carácter contrastable con todo lo que significa ley, la justicia, el derecho y la moral, hasta el grado de reputársele mucho, peor que Madero; y en consecuencia la revolución continuará hasta obtener el derrocamiento del pseudomandatario, por los principios consagrados en este Plan; principios que la misma revolución está dispuesta a sostener con la misma entereza y magnanimidad con que lo ha hecho hasta la fecha, basada en la confianza que le inspira la voluntad suprema nacional.

SEGUNDO. Se reforma el artículo tercero de este Plan, en los términos siguientes:

Artículo 3.— Se declara indigno al general Pascual Orozco del honor que se le había conferido por los elementos de la revolución del Sur y del Centro, en el artículo de referencia; puesto que por sus inteligencias y componendas en el ilícito, nefasto, pseudogobierno de Huerta, ha decaído de la estimación de sus conciudadanos, hasta el grado de quedar en condiciones de un cero social, esto es, sin significación alguna aceptable; como traidor que es a los principios juramentados.

Queda en consecuencia, reconocido como Jefe de la Revolución de los principios condensados en este Plan el caudillo del Ejército Libertador Centro-Suriano, general Emiliano Zapata.

Campamento Revolucionario en Morelos, mayo 30 de 1913

El general en Jefe, Emiliano Zapata, rúbrica. Generales: ingeniero Angel Barrios, Otilio E. Montaño, Eufemio Zapata, Genovevo de la O, Felipe Neri, Cándido Navarro, Francisco V. Pacheco, Francisco Mendoza, Julio A. Gómez, Amador Salazar, Jesús Capistrán, Mucio Bravo, Lorenzo Vázquez, Bonifacio García, rúbricas. Coroneles: Aurelio Bonilla, Ricardo Torres Cano, José Alfaro, José Hernández, Camilo Duarte, Francisco Alarcón, Francisco A. García, Emigdio H. Castrejón, Jesús S. Leyva, Alberto Estrada, Modesto Rangel, rúbricas. Teniente Coronel: Trinidad A. Paniagua, rúbrica Secretario, M. Palafox, rúbrica.

Es copia auténtica de su original y la certifico: Emiliano Zapata, rúbrica.

Manifiesto a la nación de Emiliano Zapata
[fragmentos]

La victoria se acerca, la lucha toca a su fin. Se libran ya los últimos combates y en estos instantes solemnes, de pie y respetuosamente descubiertos ante la Nación, aguardamos la hora decisiva, el momento preciso en que los pueblos se hunden o se salvan, según el uso que hacen de la soberanía conquistada, esa soberanía por tanto tiempo arrebatada a nuestro pueblo, y la que con el triunfo de la Revolución volverá ilesa, tal como se ha conservado y la hemos defendido aquí, en las montañas que han sido su solio y nuestro baluarte. Volverá dignificada y fortalecida para nunca más ser mancillada por la impostura ni encadenada por la tiranía.

[…]

Perfectamente convencidos de que es justa la causa que defendemos, con plena conciencia de nuestros deberes y dispuestos a no abandonar ni un instante la obra grandiosa que hemos emprendido, llegaremos resueltos hasta el fin, aceptando ante la civilización y ante la historia, las responsabilidades de este acto de suprema reivindicación.

Nuestros enemigos, los eternos enemigos de las ideas regeneradoras, han empleado todos los recursos y acudido a todos los procedimientos para combatir a la Revolución, tanto para vencerla en la lucha armada, como para desvirtuarla en su origen y desviarla de sus fines.

[...]

La fatal ruptura del Plan de San Luis Potosí motivó y justificó nuestra rebeldía contra aquel acto que invalidaba todos los compromisos y defraudaba todas las esperanzas; que nulificaba todos los esfuerzos y esterilizaba todos los sacrificios y truncaba, sin remedio, aquella obra de redención tan generosamente emprendida por los que dieron sin vacilar, como abono para la tierra, la sangre de sus venas.

El Pacto de Ciudad Juárez devolvió el triunfo a los enemigos y la víctima a sus verdugos; el caudillo de 1910 fué el autor de aquella amarga traición, y fuimos contra él, porque lo repetimos: ante la causa no existen para nosotros las personas y conocemos lo bastante la situación para dejarnos engañar por el falso triunfo de unos cuantos revolucionarios convertidos en gobernantes: lo mismo que combatimos a Francisco I. Madero, combatiremos a otros cuya administración no tenga por base los principios por los que hemos luchado.

Roto el Plan de San Luis, recogimos la bandera y proclamamos el Plan de Ayala.

[...]

Puede haber elecciones cuantas veces se quiera; pueden asaltar, como Huerta, otros hombres la silla presidencial, valiéndose de la fuerza armada o de la farsa electoral, y el pueblo mexicano puede también tener la seguridad de que no arriaremos nuestra bandera ni cejaremos un instante en la lucha, hasta que, victoriosos, podamos garantizar con nuestra propia cabeza el advenimiento de una era de paz que tenga por base la justicia y como consecuencia la libertad económica.

Si como lo han proyectado esas fieras humanas vestidas de oropeles y listones, esa turba desenfrenada que lleva tintas en sangre las manos y la conciencia, realizan con mengua de la ley, la repugnante mascarada que llaman elecciones, vaya desde ahora, no sólo ante el nuestro, sino ante los pueblos todos de la tierra, la más enérgica de nuestras protestas, en tanto podamos castigar la burla sangrienta que se haga a la Constitución de 57.

Téngase, pues, presente, que no buscamos el derrocamiento del actual gobierno para asaltar los puestos públicos y saquear los tesoros nacionales, como ha venido sucediendo con los impostores que logran encumbrar a las primeras magistraturas; sépase, de una vez por todas, que no luchamos contra Huerta únicamente, sino contra todos los gobernantes y los conservadores enemigos de la hueste reformista, y sobre todo, recuérdese siempre, que no buscamos honores, que no anhelamos recompensas, que vamos sencillamente a cumplir el compromiso solemne que hemos contraído, dando pan a los desheredados y una patria libre, tranquila y civilizada a las generaciones del porvenir.

Mexicanos: si esta situación anómala se prolonga; si la paz, siendo una aspiración nacional; tarda en volver a nuestro suelo y a nuestros hogares, nuestra será la culpa y no de nadie. Unámonos en un esfuerzo titánico y definitivo contra el enemigo de todos; juntemos nuestros elementos, nuestras energías y nuestras voluntades y opongámoslos, cual una barricada formidable, a nuestros verdugos; contestemos dignamente, enérgicamente, ese latigazo insultante que Huerta ha lanzado sobre nuestras cabezas; rechacemos esa carcajada burlesca y despectiva que el poderoso arroja, desde los suntuosos recintos donde pasea su encono y su soberbia, sobre nosotros, los desheredados, que morimos de hambre en el arroyo.

No es preciso que todos luchemos en los campos de batalla, no es necesario que todos aportemos un contingente de sangre a la contienda, no es fuerza que todos hagamos sacrificios iguales en la Revolución; lo indispensable es que todos nos irgamos resueltos a defender el interés común y a rescatar la parte de soberanía que se nos arrebata.

Llamad a vuestras conciencias; meditad un momento sin odio, sin pasiones, sin prejuicios, y esta verdad, luminosa como el sol, surgirá inevitablemente ante vosotros: la Revolución es lo único que puede salvar a la República.

Ayudad, pues, a la Revolución. Traed vuestro contingente, grande o pequeño, no importa cómo; pero traedlo. Cumplid con vuestro deber y seréis dignos; defended vuestro derecho y seréis fuertes, y sacrificaos si fuere necesario, que después la Patria se alzará satisfecha sobre su pedestal inconmovible y dejará caer sobre vuestra tumba un puñado de rosas.

Reforma, Libertad, Justicia y Ley.

Campamento Revolucionario en Morelos,
20 de octubre de 1913
El General en Jefe del Ejército Libertador del Sur y Centro,
Emiliano Zapata

Manifiesto al pueblo mexicano
[fragmentos]

Al pueblo mexicano

El movimiento revolucionario ha llegado a su período culminante y, por lo mismo, es ya hora de que el país sepa la verdad; toda la verdad.

La actual Revolución no se ha hecho para satisfacer los intereses de una personalidad, de un grupo o de un partido. La actual Revolución reconoce orígenes más hondos y va en pos de fines más altos.

El campesino tenía hambre, padecía miseria, sufría explotación, y si se levantó en armas fue para obtener el pan que la avidez del rico le negaba; para adueñarse de la tierra que el hacendado, egoístamente, guardaba para sí; para reivindicar su libertad, que el negrero atropellaba inicuamente todos los días.

Se lanzó a la revuelta, no para conquistar ilusorios derechos políticos que no dan de comer, sino para procurarse el pedazo de tierra que ha de proporcionarle alimento y libertad, un hogar dichoso y un porvenir de independencia y engrandecimiento.

Se equivocan lastimosamente los que creen que el establecimiento de un gobierno militar, es decir, despótico, será lo que asegure la pacificación del país. Esta sólo podrá obtenerse si se realiza la doble operación de reducir a la impotencia a los elementos del antiguo régimen y de crear intereses nuevos, vinculados estrechamente con la Revolución, que les sean solidarios, que peligren si ella peligra y prosperen si aquélla se establece y consolida.

La segunda labor, o sea, la creación de poderosos intereses afines a la Revolución y solidarios con ella, se llevará a feliz término si se restituye a los particulares y a las comunidades indígenas los terrenos de que han sido despojados por los latifundistas, y si este gran acto de justicia se completa, en obsequio de los que nada poseen ni han poseído, con el reparto proporcional de las tierras decomisadas a los cómplices de la dictadura o expropiadas a los propietarios perezosos que no quieren cultivar sus heredades.

Así se dará satisfacción al hambre de tierras y al rabioso apetito de libertad que se deja sentir de un confín a otro de la República, como respuesta formidable al salvajismo de los hacendados, quienes han mantenido en pleno siglo 20 y en el corazón de la libre América, un sistema de explotación que apenas soportarían los más infelices siervos de la edad media europea.

Es cierto que los ilusos creen que el país va a conformarse (como no se conformó en 1910) con una pantomima electoral de la que surjan hombres en apariencia nuevos y en apariencia blancos, que vayan a ocupar las curules, los escaños de la Corte y el alto solio de la Presidencia, pero los que así juzgan parecen ignorar que el país ha cosechado, en las crisis de los últimos cuatro años, enseñanzas inolvidables que no les permiten ya perder el camino, un profundo conocimiento de las causas de su malestar y de los medios de combatirlas.

El país no se dará por satisfecho —podemos estar seguros— con las tímidas reformas candorosamente esbozadas por el licenciado Isidro Fabela, ministro de Relaciones del gobierno carrancista, que no tiene de revolucionario más que el nombre, puesto que ni comprende ni siente los ideales de la Revolución; no se conformará el país con sólo la abolición de las tiendas de raya, si la explotación y el fraude han de subsistir bajo otras formas; no se satisfará con las libertades municipales, bien problemáticas, cuando falta la base de la independencia económica, y menos podrá halagarlo un mezquino programa de reformas a las leyes sobre impuesto a las tierras, cuando lo que urge es la solución radical del problema relativo al cultivo de éstas.

[...]

Por eso, la Revolución Agraria, desconfiando de los caudillos que a sí mismos se disciernen el triunfo, ha adoptado como precaución y como garantía el precepto justísimo de que sean todos los jefes revolucionarios del país los que elijan al primer magistrado, al presidente interino que debe convocar a elecciones; porque bien sabe que del interinato depende el porvenir de la Revolución y, con ella, la suerte de la República.

[...]

La Revolución Agraria, calumniada por la prensa, desconocida por la Europa, comprendida con bastante exactitud por la diplomacia americana y vista con poco interés por las naciones hermanas de Sudamérica, levanta en alto la bandera de sus ideales para que la vean los engañados, para que la contemplen los egoístas y los perversos que no quieren oír los lamentos del pueblo que sufre, los ayes de las madres que perdieron a sus hijos, los gritos de rabia de los luchadores que no quieren ver, que no verán, destruidos sus anhelos de libertad y sus gloriosos ensueños de redención para los suyos.

Reforma, Libertad, Justicia y Ley.

Campamento Revolucionario en Milpa Alta, Agosto de 1914

El General en Jefe del Ejército Libertador, Emiliano Zapata.– Generales: Eufemio Zapata. Francisco V. Pacheco. Genovevo de la O. Amador Salazar. Francisco Mendoza. Pedro Saavedra. Aurelio Bonilla. Jesús H. Salgado. Julián Blanco. Julio A. Gómez. Otilio E. Montaño. Jesús Capistrán. Francisco M. Castro. S. Crispín Galeana. Fortino Ayaquica. Francisco A. García. Mucio Bravo. Lorenzo Vázquez. Abraham García. Encarnación Díaz. Licenciado Antonio Díaz Soto y Gama. Reynaldo Lecona.

Antiimperialismo

Carta de Emiliano Zapata a Woodrow Wilson, presidente de los Estados Unidos, Cuartel General en Yautepec, Morelos
[fragmentos]

Mr. Woodrow Wilson,

Presidente de los EE.UU. de América. Washington.

Estimado señor de mi consideración:

He visto en la prensa las declaraciones que Ud. ha hecho acerca de la revolución agraria que desde hace cuatro años se viene de-sarrollando en esta República, y con grata sorpresa me he enterado de que usted, no obstante la distancia, ha comprendido con exactitud las causas y los fines de esa revolución, que ha tomado sobretodo incremento en la región Sur de México, la que más ha tenido que sufrir los despojos y las extorsiones de los grandes terratenientes.

[...]

Empezaré por señalar a usted las causas de la revolución que acaudillo.

México se encuentra todavía en plena época feudal, o al menos así se encontraba al estallar la revolución de 1910.

Unos cuantos centenares de grandes propietarios han monopolizado toda la tierra laborable de la República; de año en año han ido acrecentando sus dominios, para lo cual han tenido que despojar a los pueblos de sus ejidos o campos comunales, y a los pequeños propietarios de sus modestas heredades. Hay ciudades en el Estado de Morelos, como la de Cuautla; que carecen hasta de terreno necesario para tirar sus basuras, y con mucha razón, del terreno indispensable para el ensanche de la población.

[...]

La posición del hacendado respecto de los peones, es enteramente igual a la que guardaba el señor feudal, el barón o el conde de la Edad Media, respecto de sus siervos y vasallos.

El Hacendado, en México, dispone a su antojo de la persona de su «peón»; lo reduce a prisión, si gusta; le prohibe que salga de la hacienda, con pretexto de que allí tiene deudas que nunca podrá pagar; y por medio de los jueces, que el hacendado corrompe con su dinero, y de los prefectos o «jefes políticos», que son siempre sus aliados, el gran terrateniente es en realidad, sin ponderación, señor de vidas y haciendas en sus vastos dominios.

Esta situación insoportable originó la Revolución de 1910 que tendía principal y directamente a destruir ese régimen feudal y a combatir el monopolio de las tierras en manos de unos cuantos.

Pero por desgracia, Francisco I. Madero pertenecía a una familia rica y poderosa, dueña de grandes extensiones de terreno en el Norte de la República, y como era natural, Madero no tardó en entenderse con los demás hacendados, y en invocar la legislación (esa legislación por los ricos y para favorecer a los ricos) como un pretexto para no cumplir las promesas que había hecho para restituir a sus dueños las tierras robadas y para destruir el aplastante monopolio ejércido por los hacendados, mediante la expropiación de sus fincas por causa de utilidad pública y con la correspondiente indemnización, si la posesión era legítima.

Madero faltó a sus promesas, y la revolución continuó, principalmente en las comarcas en que más se han acentuado los abusos y los despojos de los hacendados; es decir, en los Estados de Morelos,

Guerrero, Michoacán, Puebla, Durango, Chihuahua, Zacatecas, etc., etc.

[…]

El país está cansado de imposiciones, no tolera ya que se le impongan amos o jefes; desea tomar parte en la designación de sus mandatarios; y puesto que se trata del gobierno interino que ha de emanar de la revolución y de dar garantías a ésta, es lógico y es justo que sean los genuinos representantes de la Revolución, o sea los jefes del movimiento armado, quienes efectúen el nombramiento de Presidente Interino. Así lo dispone el artículo doce del Plan de Ayala, en contra de los deseos de D. Venustiano Carranza y de sus circulo de políticos ambiciosos, los cuales pretenden que Carranza escale la Presidencia por sorpresa, o mejor dicho, por un golpe de audacia y de imposición:

Esta convicción de los jefes revolucionarios de todo el país es la única que puede elegir con acierto el Presidente Interino, pues ella cuidará de fijarse en un hombre que por sus antecedentes y sus ideas preste absolutas garantías; mientras que Carranza por ser dueño o accionista de grandes propiedades en los Estados Fronterizos, es una amenaza para el pueblo campesino, pues seguiría la misma política de Madero, con cuyas ideas está perfectamente identificado, con la diferencia única de que Madero era débil, en tanto que Carranza es hombre capaz de ejercer la más tremenda de las dictaduras, con lo que provocaria una formidable revolución, más sangrienta quizá que las anteriores.

Por lo anterior verá usted que siendo la Revolución del Sur una revolución de ideales, y no de venganza ni de represalias, dicha revolución tiene contraido ante el país y ante el mundo civilizado, el formal compromiso de dar plenas garantías antes y después del triunfo, a las vidas e intereses legítimos de nacionales y extranjeros, y así me complazco en hacerlo a usted presente.

Esta larga exposición confirmará a usted en su ilustrada opinión respecto del movimiento suriano, y convencerá a usted de que mi personalidad y la de los mios han sido villananente calumniados por la prensa vanal y corrompida de la Ciudad de México.

[…]

*Por mi parte sé decir a usted que comprendo y aprecio la noble y
levantada política que, dentro de los límites del respeto a la soberanía
de cada entidad, ha tomado usted a su cargo en este hermoso y no
siempre feliz Continente Americano.**

Puede usted creer que, mientras esa política respete la autonomía del pueblo mexicano para realizar sus ideales tal [y] como el los
entiende y los siente yo seré uno de los muchos simpatizadores con
que usted cuenta en esta República hermana, y no por cierto el menos
adicto de sus servidores, que le reitera su particular aprecio.

El General Emiliano Zapata, Cuartel General en Yautepec,
Agosto 23, 1914

Carta de Emiliano Zapata a Francisco Villa

Cuartel general de Tlaltizapán, Abril 10, 1915

Sr. general Don Francisco Villa

Su cuartel general donde se halle

Muy estimado compañero y fino amigo:

He tenido conocimiento, por mi representante encargado del cuartel
general de la división del sur, que el señor West, enviado especial del
señor presidente Wilson, vino a México con la misión de tratar con los
jefes de las facciones revolucionarias, para que se escoja persona que,
con el carácter de presidente permanente en el periodo preconstitucional, ocupe dicha presidencia, proponiendo en terna a los señores
generales don Felipe Angeles, Roque González Garza y Samuel García Cuéllar.

Como le dije en una de mis anteriores, debemos escoger entre los jefes
revolucionarios, a la persona de más sanos principios, que esté perfectamente identificado con los ideales de la revolución a fin de que no llegue-
mos a un fracaso, resultando con ello, inútiles los esfuerzos hechos, las

---

* Las *itálicas* son de la compiladora.

vidas segadas, el tiempo transcurrido y la sangre derramada.

Además, hay que tener presente, y esto juzgando según mi humilde criterio, que no debemos admitir en manera alguna proposiciones hechas por el señor presidente de los Estados Unidos; pues de hacerlo así, es tanto como admitir la tutela de aquel gobierno dándole ingerencia en la resolución de asuntos que nosotros somos los únicos llamados a resolver y que usted, en su calidad de hombre de sanos principios y de recto criterio, no admitirá jamás.*

Como usted lo sabrá mejor, en Laredo, Tex., radica el núcleo principal de nuestros eternos enemigos que no desperdician oportunidad para ingerirse en los asuntos políticos del país, y sería muy triste que a la sombra de la revolución y con nuestros propios elementos hicieran fracasar el triunfo completo de la misma revolución.

Juzgo oportuno obrar enteramente de acuerdo con usted, para contrarrestar los efectos de nuestros comunes enemigos en todos sus maléficos intentos.

Insisto nuevamente en la proposición que hice a usted en una de mis anteriores cartas, para que el señor general Calixto Contreras, que pertenece a la heroica división de su mando, sea el que ocupe la presidencia provisional, por reunir las condiciones que el caso requiere; esto, apartándome por un momento del Plan de Ayala al que he normado mi conducta y en el que se encuentra previsto el caso que nos ocupa, en el artículo doce.

Le acompaño un ejemplar del folleto del Plan de Ayala de los que me acaban de obsequiar.

Sin otro particular de momento deseándole todo bien, me repito de usted como siempre afmo. amigo, compañero y atto. s.s.

Emiliano Zapata

---

*   Las *itálicas* son de la compiladora.

Relación ética-política

Manifiesto al pueblo de Emiliano Zapata

MANIFIESTO AL PUEBLO

El pueblo mexicano ha sido constantemente engañado por sus gobernantes, y, lo que es peor, por hombres que, llamándose sus caudillos, han sido los primeros en traicionarlo una vez conseguida la victoria.

Unos y otros le han impuesto enormes sacrificios y han tenido que contraer onerosos e indignos compromisos con los potentados de la República o del extranjero para hacer frente a la necesidad de adquirir cantidades fabulosas de dinero, armas y toda clase de elementos de guerra, con ayuda de los cuales han pretendido contener, aunque en vano, el empuje arrollador de las multitudes, ansiosas de tierra, de libertad y de justicia.

La Revolución del Sur, siempre pura y altiva, jamás ha ido a humillarse ante un gobierno extranjero para solicitar como un mendigo, armamento, parque o recursos pecuniarios, y, sin embargo, teniendo que luchar contra un enemigo dotado de poderosos elementos debidos al favor de los extraños, ha conseguido arrebatarle palmo a palmo y en lucha desigual, una vasta zona del territorio de la República.

Nuestras tropas dominan hoy, merced al heroico e incontenible esfuerzo de los hijos del pueblo, en los Estados de Morelos, Guerrero, Puebla, Veracruz, México, Querétaro, Guanajuato y Michoacán, en todos los cuales el enemigo sólo es dueño, en posesión precaria, de las capitales y de las vías férreas, excepción hecha de los Estados de Morelos y Guerrero, en donde el enemigo ha sido desalojado totalmente.

Las derrotas y los reveses se suceden contra el carrancismo uno y otro día, en el norte tanto como en el centro y en el sur; las defecciones de los suyos son cada vez más numerosas y más significativas; la desbandada ha empezado y adquiere a cada momento mayores proporciones; grandes partidas y cuerpos enteros desertan o se rinden a nuestras fuerzas, o pasan a incorporarse a las filas de nuestros hermanos, los bravos luchadores del norte.

Sumados todos estos síntomas al absoluto desprestigio de la odiada facción, indican que el organismo carrancista ha entrado en plena descomposición y que su agonía se acerca a toda prisa.

Es por lo mismo un deber para el Ejército Libertador, formular ante el país, franca y solemnemente, el programa de acción que se propone desarrollar una vez obtenido el triunfo.

Afortunadamente, los errores y los fracasos del carrancismo, bien visibles por cierto, nos marcan con toda precisión el camino, y ahorrarán a la nación el espectáculo de nuevos y formidables desaciertos.

Fresco todavía en nuestra memoria el recuerdo de cómo se inició la catástrofe financiera del carrancismo, nosotros no incurriremos por ningún motivo en la infamia de explotar miserablemente a ricos y a pobres, declarando de circulación forzosa determinado papel moneda, para en seguida desconocerlo sin el menor respeto para la palabra empeñada y los compromisos contraídos.

La cuestión del papel moneda es problema resuelto ya por la experiencia de los siglos. Su emisión produjo en época pasada una tremenda bancarrota en Inglaterra, la provocó aún mayor en la República Francesa, durante la gran revolución, e idéntico desastre originó no hace muchos años cuando los Estados Unidos y la Argentina intentaron la misma aventura para hacer frente a dificultades económicas análogas a las nuestras.

Sabemos que mientras persista la actual organización económico-social del mundo, es un absurdo atentar contra la libertad del comercio, como lo ha hecho en forma brutal el carrancismo, reduciendo a prisión y sacando a la vergüenza pública a pacíficos comerciantes que se defendían contra las medidas gubernativas.

No hemos de ser nosotros, ciertamente, los que cometamos la torpeza de agravar con esos procedimientos la carestía de todos los artículos y la miseria para las clases populares, siempre más castigadas que la gente pudiente, en las épocas de las grandes crisis.

El carrancismo ha implantado el terror como régimen de gobierno y ha desplegado a los cuatro vientos el odioso estandarte de la intransigencia contra todos y para todos. Nuestra conducta será muy distinta: comprendemos que el pueblo está ya cansado de horripilantes escenas de odio y de venganza; no quiere ya sangre inútilmente derramada ni sacrificios exigidos a los pueblos por el solo deseo de dañar, o simplemente para satisfacer insaciables apetitos de rapiña.

La nación exige un gobierno reposado y sereno que dé garantías a todos y no excluya a ningún elemento sano, capaz de prestar servicios a la revolución y a la sociedad. Por lo tanto, en nuestras filas daremos cabida a todos los que de buena fe pretendan colaborar con nosotros, y a este fin el Cuartel General de mi cargo ha expedido ya una amplia ley de amnistía para que a ella se acojan los engañados por las mentiras del carrancismo, los seducidos por las patrañas del

Primer Jefe, y, en general, los hombres que por inconsciencia o por error hayan prestado su concurso para sostener la presente dictadura, que a todos ha mentido y no ha logrado satisfacer las aspiraciones de nadie. Díganlo, si no, la renuncia de Cándido Aguilar y la separación o el alejamiento de tantos otros jefes que sucesivamente han ido abandonando al carrancismo para dedicarse a la vida privada o lanzarse a la revolución.

Nuestra obra será, pues, ante todo, una labor de unificación y de concordia. Seremos intransigentes y radicales solamente en lo que atañe a la cuestión de principios; pero fuera de allí, nuestro espíritu estará abierto a todas las simpatías, y nuestra voluntad pronta a aceptar todas las colaboraciones si son honradas y se muestran sinceras.

Unidos los mexicanos por medio de una política generosa y amplia, que dé garantías al campesino y al obrero lo mismo que al comerciante, al industrial y al hombre de negocios; otorgar facilidades a todos los que quieran mejorar su porvenir y abrir horizonte más vasto a su inteligencia y a sus actividades; proporcionar trabajo a los que hoy carecen de él; fomentar el establecimiento de industrias nuevas, de grandes centros de producción, de poderosas manufacturas que emancipen al país de la dominación económica del extranjero; llamar a todos a la libre explotación de la tierra y de nuestras riquezas naturales; alejar la miseria de los hogares y procurar el mejoramiento moral e intelectual de los trabajadores creándoles más altas aspiraciones; tales son los propósitos que nos animan en esta nueva etapa que ha de conducirnos, seguramente, a la realización de nobles ideales, sostenidos sin desmayar durante seis años, a despecho de todos los obstáculos y a costa de los mayores sacrificios.

La nación lo sabe perfectamente. Nuestra lucha es únicamente contra los latifundistas, esos despiadados explotadores del trabajo humano que han impedido a la raza indígena salir de su letargo y han provocado sistemáticamente la carestía de las cosechas, la miseria periódica y el hambre endémica en nuestro país, cuyo suelo debiera alimentar pródigamente a sus hijos y que hasta aquí sólo ha podido sostener a una endeble nación de famélicos.

Cumplir el Plan de Avala es nuestro único y gran compromiso; allí radicará toda nuestra intransigencia. En todo lo demás, nuestra política será de tolerancia y de atracción, de concordia y de respeto para todas las libertades.

Como tantas veces lo hemos dicho y no cesaremos de repetirlo, la revolución la ha hecho el pueblo, no para ayudar a los ambiciosos ni para satisfacer determinados intereses políticos, sino por estar ya cansado de una situación sostenida por todos los gobiernos durante siglos, y en la que se le negaba hasta el derecho de vivir, hasta el derecho de poseer el más mínimo pedazo de tierra que pudiera proporcionarle el sustento, con lo que se le condenaba a ser un esclavo en su propia patria, o un miserable pordiosero en la misma sociedad que lo viera nacer.

Por esa necesidad de vivir como hombre libre, por ese imperio o derecho de poseer una tierra que sea suya, ha luchado y luchará hasta el fin el pueblo mexicano.

Los que hasta aquí han estorbado su triunfo han sido y son los caudillos ambiciosos que, diciéndose directores de la revolución, la han hecho fracasar momentáneamente y han provocado la prolongación de la lucha al negarse a dar al pueblo lo que pide y lo que tendrá, a pesar de todas las intrigas y de todas las miserias de la política.

Firmes, pues, en nuestro propósito de hacer triunfar la causa de la justicia y deseosos de que todos vean la honradez y la seriedad con que la revolución procede, cuidaremos en esta vez, con mayor empeño que las anteriores, de otorgar amplias y cumplidas garantías a la población pacífica, cuyos intereses, personas y familias serán escrupulosamente respetados. Nuestro mayor orgullo consistirá en aventajar a nuestros enemigos en cultura, en dar ejemplo a todas las facciones, y en ser los primeros en inaugurar una era de completo orden, de positiva libertad y de amplia y verdadera justicia.

Reforma, Libertad, Justicia y Ley.

Cuartel General de la Revolución, Tlaltizapán,
Mor., a 20 de abril de 1917

El general en jefe, Emiliano Zapata

Carta abierta de Emiliano Zapata a Venustiano Carranza

A VENUSTIANO CARRANZA

Un sello que dice: República Mexicana.— Ejército Libertador.

Cuartel General del Ejército Libertador en el Estado de Morelos.

Al C. Venustiano Carranza.—

México, D. F.

Como ciudadano que soy, como hombre poseedor del derecho de pensar y hablar alto, como campesino conocedor de las necesidades del pueblo humilde al que pertenezco, como revolucionario y caudillo de grandes multitudes, que en tal virtud y por eso mismo he tenido oportunidad de reconocer las reconditeces del alma nacional y he aprendido a escudriñar en sus intimidades y conozco de sus amarguras y de sus esperanzas; con el derecho que me da mi rebeldía de nueve años siempre encabezando huestes formadas por indígenas y por campesinos; voy a dirigirme a usted, C. Carranza, por vez primera y última.

No hablo al Presidente de la República, a quien no conozco, ni al político, del que desconfío; hablo al mexicano, al hombre de sentimiento y de razón, a quien creo imposible no conmuevan alguna vez (aunque sea un instante) las angustias de las madres, los sufrimientos de los huérfanos, las inquietudes y las congojas de la patria.

Voy a decir verdades amargas; pero nada expresaré a usted que no sea cierto, justo y honradamente dicho.

Desde que en el cerebro de usted germinó la idea de hacer revolución, primero contra Madero y después contra Huerta, cuando vió que aquél caía más pronto de lo que había pensado; desde que concibió usted el proyecto de erigirse en jefe y director de un movimiento que con toda malicia denominó «constitucionalista»; desde entonces pensó usted, primero que nada, en encumbrarse, y para ello, se propuso usted convertir la revolución en provecho propio y de un pequeño grupo de allegados, de amigos o de incondicionales que lo ayudaron a usted a subir y luego lo ayudasen a disfrutar el botín alcanzado: es decir, riquezas, honores, negocios, banquetes, fiestas suntuosas, bacanales de placer, orgías de hartamiento, de ambición de poder y de sangre.

Nunca pasó por la mente de usted que la revolución fuera benéfica a las grandes masas, a esa inmensa legión de oprimidos que usted y los suyos solivantan con sus prédicas. ¡Magnífico pretexto y brillante recurso para oprimir y para engañar!

Sin embargo, para triunfar fué preciso pregonar grandes ideales, proclamar principios, anunciar reformas.

Pero para poder evitar que la conmoción popular (peligrosa arma de dos filos) se volviese contra el que la utilizaba y la esgrimía; para impedir que el pueblo, ya semilibre y sintiéndose fuerte, se hiciera justicia por sí mismo, se ideó la creación de una dictadura, a la que se dió el nombre novedoso de «dictadura revolucionaria».

Se encontró luego la fórmula apropiada; se pronunciaron palabras sugestivas; eran precisas, indispensables, la unidad de dirección y de impulso, la cohesión entre los revolucionarios, la rapidez para concebir, la energía y la prontitud para ejecutar.

Todo eso, que no podrá tener cabida en una asamblea deliberante, se otorgó a un solo hombre, que fué usted, y desde entonces fué el único amo de las filas del constitucionalismo.

Para hacer triunfar las reivindicaciones libertarias de la revolución, se necesitaba un dictador —se dijo entonces—. Los procedimientos autocráticos eran inevitables para imponerse a una sociedad refractaria a los principios nuevos.

En otros términos, la fórmula de la política llamada constitucionalista, fué esta: «Para establecer la libertad hay que valerse del despotismo».

Sobre estos sofismas se fundó la autoridad de usted, el absolutismo y la omnipotencia de usted.

¿Cómo y de qué forma ha hecho usted uso de esos exorbitantes poderes, que habían de traer el triunfo de los principios?

Aquí es preciso, para no pecar de ligero, analizar con calma y pasar revista retrospectiva a los hechos desarrollados durante la ya bien larga dominación de usted.

En el terreno económico y hacendario, la gestión no puede haber sido más funesta.

Bancos saqueados; imposiciones de papel moneda, una, dos o tres veces, para luego desconocer, con mengua de la República, los billetes emitidos; el comercio desorganizado por estas fluctuaciones monetarias; la industria y las empresas de todo género, agonizando bajo el peso de contribuciones exorbitantes, casi confiscatorias; la agricultura y la minería pereciendo por falta de garantías y de seguridad en las comunicaciones; la gente humilde y trabajadora, reducida a la miseria, al hambre, a las privaciones de toda especie, por la paralización del trabajo, por la carestía de los víveres, por la insoportable elevación del costo de la vida.

En materia agraria, las haciendas cedidas o arrendadas a los generales favoritos; los antiguos latifundios de la alta burguesía, reemplazados en no pocos casos, por modernos terratenientes que gastan charreteras, kepí y pistola al cinto; los pueblos burlados en sus esperanzas.

Ni los ejidos se devuelven a los pueblos, que en su inmensa mayoría continúan despojados; ni las tierras se reparten entre la gente de trabajo, entre los campesinos pobres y verdaderamente necesitados.

En materia obrera, con intrigas, con sobornos, con maniobras disolventes, y apelando a la corrupción de los líderes, se han logrado la desorganización y la muerte efectiva de los sindicatos —única defensa, principal baluarte del proletariado en las luchas que tiene que emprender por su mejoramiento.

La mayor parte de los sindicatos sólo existen de nombre; los asociados han perdido la fe en sus antiguos directores, y los más conscientes, los que valen, se han dispersado llenos de desaliento.

Hoy se trata, al parecer, de infundirles vida nueva, pero con miras políticas (como siempre) y bajo la corruptora sombra del poder oficial. Acabamos de ver mítines obreros presididos y «patrocinados» (!) por un gobernador de provincia bien conocido como uno de los servidores incondicionales de usted.

Y ya que se trata de combinaciones de orden político, asomémonos al terreno de la política, en el que usted ha desplegado todo su arte, toda su voluntad y toda su experiencia.

¿Existe el libre sufragio? ¡Mentira! En la mayoría, por no decir en la totalidad de los Estados, los gobernadores han sido impuestos por el centro; en el Congreso de la Unión figuran como diputados y senadores creaturas del Ejecutivo y en las elecciones municipales los escándalos han rebasado los límites de lo tolerable y aun de lo verosímil.

En materia electoral, ha imitado usted con maestría y en muchos casos superado a su antiguo jefe Porfirio Díaz.

Pero ¿qué digo? En algunos Estados no se ha creído necesario tomarse siquiera la molestia de hacer elecciones. Allí siguen imperando gobernadores militares impuestos por el Ejecutivo Federal que usted representa, y allí continúan los horrores, los abusos, los inauditos crímenes y atropellos del período preconstitucional.

Por eso decía yo al principio de esta carta, que usted llamó con toda malicia, al movimiento emanado del Plan de Guadalupe, revolución constitucionalista, siendo así que en el propósito y en la conciencia de usted estaba el violar a cada paso y sistemáticamente la Constitución.

No puede darse, en efecto, nada más anticonstitucional que el gobierno de usted; en su origen, en su fondo, en sus detalles, en sus tendencias.

Usted gobierna saliéndose de los límites fijados al Ejecutivo por la Constitución: usted no necesita de presupuestos aprobados por las Cámaras; usted establece y deroga impuestos y aranceles; usted usa de facultades discrecionales en Guerra, en Hacienda y en Gobernación; usted da consignas, impone gobernadores y diputados, se niega a informar a las Cámaras; protege al pretorianismo y ha instaurado en el país, desde el comienzo de la era «constitucional» hasta la fecha, una mezcla híbrida de gobierno militar y de gobierno civil, que de civil no tiene más que el nombre.

La soldadesca llamada constitucionalista se ha convertido en el azote de las poblaciones y de las campiñas. Según confesión de los más altos jefes de usted (nada menos que el secretario de Guerra, José Agustín Castro), la revolución se extiende y nuevos rebeldes aparecen cada día, en gran parte debido a los excesos y desmanes de jefes sin honor y carentes de todo escrúpulo, que, olvidando su carácter de guardianes del orden, son los primeros en trastornarlo con sus crímenes y sus actos de vandalismo.

Esa soldadesca, en los campos, roba semillas, ganados y animales de labranza; en los poblados pequeños, incendia o saquea los hogares de los humildes, y en las grandes poblaciones especula en grande escala con los cereales y semovientes robados, comete asesinatos a la luz del día, asalta automóviles y efectúa plagios en la vía pública, a la hora de mayor circulación, en las principales avenidas, y lleva su audacia hasta constituir temibles bandas de malhechores que allanan las ricas moradas, hacen acopio de alhajas y objetos preciosos, y organizan la industria del robo a la alta escuela y con procedimientos novísimos, como lo ha hecho ya la célebre maffia del «automóvil gris», cuyas feroces hazañas permanecen impunes hasta la fecha, por ser directores y principales cómplices personas allegadas a usted o de prominente posición en el ejército, hasta donde no puede llegar la acción de un Gobierno que se dice representante de la legalidad y del orden.

Y, sin embargo, usted acaudilló a todos esos hombres; usted, su Primer Jefe; usted sigue siendo el responsable ante la ley y ante la opinión civilizada, de la marcha de la administración y de la conducta del ejército, y sobre usted recaen esas manchas y a usted salpica ese lodo.

¡Con cuánta razón los gobiernos extranjeros no tienen confianza en el de usted, y con qué justo motivo el de Francia se ha negado a recibir al enviado constitucionalista, considerándolo como el representante de una facción y no como el funcionario de un gobierno!

Las naciones extranjeras recuerdan la conducta de usted durante el período del gran conflicto guerrero, y no tienen para usted sino recelos, desconfianza y hostilidad.

Usted protestó ser neutral, y se condujo como furioso germanizante; permitió y azuzó la propaganda contra las potencias aliadas, protegió el espionaje alemán, obstruccionó y perjudicó el capital, los intereses y las finanzas de los extranjeros hostiles al káiser.

Usted, con sus desaciertos y tortuosidades, con sus pasos en falso y sus deslealtades en la diplomacia, es la causa de que México se vea privado de todo apoyo por parte de las potencias triunfadoras, y si alguna complicación internacional sobreviene, usted será el único culpable.

Usted ha orillado a nuestro país a la ruina en lo económico, en lo financiero, en lo político y en el orden internacional.

La política de usted ha fracasado ruidosamente.

Usted ofreció y anunció que por medio de un régimen dictatorial que disfrazó con el nombre de Primera Jefatura, haría la paz en la República, mantendría la cohesión entre los revolucionarios, consolidaría el triunfo de los principios de reforma.

La paz no se ha hecho, ni se hará nunca con los procedimientos que usted emplea y con el desprestigio que sobre usted pesa. Los revolucionarios, los de la facción constitucionalista, los que usted ofreció unir, están cada vez más desunidos: así lo confesó usted en su último manifiesto, y en cuanto a los ideales revolucionarios, yacen maltrechos, destrozados, escarnecidos y vilipendiados por los mismos hombres que ofrecieron llevarlos a la cumbre.

Nadie cree ya en usted, ni en sus dotes de pacificador, ni en sus tamaños como político y como gobernante.

Es tiempo de retirarse, es tiempo de dejar el puesto a hombres más hábiles y más honrados. Sería un crimen prolongar esta situación de innegable bancarrota moral, económica y política.

La permanencia de usted en el poder es un obstáculo para hacer obra de unión y de reconstrucción.

Por la intransigencia y los errores de usted, se han visto imposibilitados de colaborar en su Gobierno, hombres progresistas y de buena fe que hubieran podido ser útiles a México.

Esos hombres, esos intelectuales, esa juventud pletórica de ideales, esa gente nueva, no mancillada, no corrompida ni gastada, esos revolucionarios de ayer, se han apartado de la cosa pública llenos de desencanto; esos jóvenes que se han iniciado en los grandes principios de la revolución y sienten infinita ansia de realizarlos; esos enamorados del ideal, que hoy llevan el alma impregnada de anhelo por un gobierno serio, honrado, fuerte, impulsado por anhelos generosos y atento a cumplir los compromisos contraídos en hora solemne.

Devuelva usted su libertad al pueblo, C. Carranza; abdique usted sus poderes dictatoriales, deje usted correr la savia juvenil de las generaciones nuevas. Ella purificará, ella dará vigor, ella salvará a la patria.

Y si usted, como simple ciudadano, puede colaborar en la magna obra de reconstrucción y de concordia, sea usted bienvenido.

Pero, por deber y por honradez, por humanidad y por patriotismo, renuncie usted al alto puesto que hoy ocupa y desde el cual ha producido la ruina de la República.

Nuevos horizontes se presentan para la patria. El señor doctor don Francisco Vázquez Gómez, hombre conciliador y atingente, antiguo y firme revolucionario, invita a la unión a los mexicanos, y ha encontrado una fórmula de unificación y de gobierno, dentro de la que caben todas las energías sanas, todos los impulsos legítimos, el esfuerzo de todos los intelectuales de buena fe y el impulso de todos los hombres de trabajo.

Bajo esa nueva dirección se podrá hacer patria, se fundará una paz definitiva, se reorganizará el progreso, se consolidará un gran Gobierno de la unificación revolucionaria.

Y para allanar esa obra que de todas maneras habrá de realizarse, sólo hace falta que usted cumpla con un deber de patriota y de hombre, retirándose de lo que usted ha llamado Primera Magistratura, en la que ha sido usted tan nocivo, tan perjudicial, tan funesto para la República.

Emiliano Zapata
Cuartel General del Ejército Libertador en el Estado de Morelos,
Marzo 17, 1919

Unidad revolucionaria

Al pueblo
[fragmentos]

El instinto popular no se halla engañado, la intuición campesina tenía razón. Carranza, hombre de antesalas, legítima hechura del pasado, imbuído de las enseñanzas de la corte porfirista, acostumbrado a ideas y prácticas de servilismo y de aristocracia, entendiendo por política el arte de engañar y considerando como el mejor de todos los gobernantes el que con más seguridad sepa imponer su voluntad omnímoda; Carranza el anticuado, Carranza el vetusto, no estaba en condiciones de comprender los tiempos nuevos y las nuevas aspiraciones.

Imposible que él, formado sobre los moldes porfirianos, encarnase las ideas de una juventud deseosa de reformas; y más inconcebible todavía y más absurdo, que él llegara a ser el intérprete y el representante de esa fogosa generación que llena de confianza en sí misma, se levantó en 1910 y volvió a erguirse en 1913, sacudiendo yugos, rechazando preocupaciones, imponiendo principios, arrasando aquí desigualdades, derribando allá exclusivismos, y clamando por el advenimiento de una nueva era que diese justicia y libertad a los oprimidos, y enérgica y virilmente refrenase los abusos, las invasiones y las ansias de dominio de esa audaz oligarquía de acaudalados que protegiera Porfirio Díaz.

El desengaño tenía que venir, y vino, para los que creyeron en la honradez del exgobernador de Coahuila.

Carranza terrateniente y rapaz, devolvió a poco andar los bienes confiscados y reconstruyó el latifundismo que la revolución con sus garras de acero había hecho polvo.

Carranza, discípulo de Porfirio Díaz, no ha tardado en instaurar un nuevo despotismo, en que se reproducen los procedimientos puestos en práctica por la vieja dictadura.

Carranza, ambicioso y egoísta, ha pretendido convertir en canonjías para los suyos, en negocios lucrativos y en personalismos odiosos las conquistas de una revolución que era y es enemiga de toda burocracia, que proclamó libertades y vía libre para la gran masa de postergados, y que en sus anhelos generosos, excluye todo favoritismo y va a chocar contra todo privilegio de casta, de facción o de camarilla.

[…]

De los principios revolucionarios nada queda en pie. Las tierras no se han repartido, los campesinos no han sido emancipados, la raza indígena continúa irredenta.

Y como la inmensa mayoría de los revolucionarios han sido y son revolucionarios, y siguen creyendo en un principio de libertad, la indignación ha estallado y la rebelión ha ido creciendo. Si ayer —en 1915— abarcaba seis o siete Estados, hoy el movimiento insurreccional contra Carranza domina toda la República no hay un rincón en ella donde no palpite el alma de la revolución, de la verdadera, de la indomable, de la incorruptible, de la que ha entusiasmado a todas las almas y sacudido todos los espíritus, desde la etapa inicial de 1910, y que obstruccionada unas veces y traicionada otras, ha seguido y seguirá arrolladoramente su curso, hasta que sean una realidad tangible todas y cada una de sus reivindicaciones.

Unificación revolucionaria mediante la eliminación de Carranza, tal es la común aspiración de todos los revolucionarios de verdad.

[…]

La unificación de todos los elementos revolucionarios, la unión en apretado haz de todas las personalidades fuertes y honradas de la política reformista, para fundar la paz nacional sobre la eliminación de la odiosa figura de Carranza y sobre el cordial acercamiento de todos los hombres de pecho sano y voluntad justa que quieran colaborar en la obra inmensa, pero gloriosa, de la refundición de la patria en los nuevos moldes de la encarnación revolucionaria.

En momentos tan críticos como decisivos para el porvenir de la República, la revolución agraria invita a un esfuerzo común, contra el déspota, a todos los verdaderos revolucionarios del país, a todos los hombres que anhelan la emancipación del obrero y del campesino, a los que tengan fe en los destinos de su pueblo, a los que desean para sus compatriotas una era de bienestar, de trabajo, de paz, pero también de trascendentales y necesarísimas reformas.

A todos los mexicanos amantes del progreso de su país y de la redención, de los que tienen hambre y sed de justicia, los exhorta la revolución defensora del Plan de Ayala, a combinar sus esfuerzos, su propaganda, sus capacidades y sus energías de combate para emplearlas contra el funesto personaje que sin más apoyo que su capricho, es hoy por hoy el único estorbo para el triunfo de los ideales reformistas y para el restablecimiento de la paz nacional.

Reforma, Libertad, Justicia y Ley.

Cuartel General de la Revolución
Tlaltizapán, Morelos, 27 de diciembre de 1917
El General en Jefe del Ejército Libertador, Emiliano Zapata

Carta de Emiliano Zapata a los revolucionarios de toda la República

[fragmentos]

A LOS REVOLUCIONARIOS DE LA REPÚBLICA

Todos comprendemos, todos sentimos la necesidad de la unificación.

Nada más imperioso que este acercamiento de todos los revolucionarios, que a más de ser condición asegurar para la paz de la República, es una garantía para la realización, tantas veces deferida de los principios proclamados y la mejor defensa contra los amagos de la reacción

que espera sacar partido de la división entre los elementos revolucionarios, para erguir al fin su cabeza triunfadora. Por eso el Sur, que fué el
primero, hace tres años, en hacer un llamamiento a la concordia, per-
severa en su actitud y hace hoy una nueva invitación, esta vez formal y
definitiva a todos los revolucionarios de la República, cualesquiera que
sea el grupo a que pertenezcan, para que, haciendo a un lado pequeñas diferencias, más aparentes que reales, nos congreguemos en torno
de los principios, nos hagamos mutua y cordial comunicación de las
aspiraciones y de los anhelos de cada uno, mediante una recíproca
compenetración de ideas. Formemos un solo y gran partido revolucionario, inspirado en un programa común de reformas y capaz de dar
al país un gobierno fundado en el acuerdo de todas las voluntades, y
no en el capricho de un déspota, o en las intrigas de una camarilla de
ambiciosos.

[…]

Los surianos sabemos perfectamente que en cada región del país
se hacen sentir necesidades especiales y que para cada una hay y
debe haber soluciones adaptables a las condiciones peculiares del
medio. Por eso no intentamos el absurdo de imponer un criterio fijo y
uniforme, sino que al pretender la mejoría de condición para el indio y
para el proletariado, aspiración suprema de la Revolución, queremos
que los jefes que representan los diversos estados o comarcas de la
República, se hagan interpretes de los deseos, de las aspiraciones y de
las necesidades del grupo de habitantes respectivo, y de esta suerte,
mediante una mutua y fraternal comunicación de ideas, se elabore el
programa de la Revolución, en el que están condensados los anhelos de todos, previstas y satisfechas las necesidades locales y sentado
sólidamente el cimiento para la reconstrucción de nuestra patria bien
amada.

A rehacer esta patria despedazada por la contienda intestina, com-
batida por pasiones encontradas hechas trizas por la ambición y por la
vileza de unos cuantos, invita hoy el sur a todos los hombres de buena
voluntad, a los que se duelan de los sufrimientos del pueblo, a los que
todavía tengan confianza en el porvenir de la nacionalidad mexicana.

Y el Sur tan calumniado, tan vilipendiado, tan cruelmente herido por los interesados en desprestigiarlo; el sur que lleva siete años de luchar por la libertad, enmedio de heroicos sacrificios y que, abandonado en ocasiones a sus propios esfuerzos, ha combatido contra todos los malos gobernantes, teniendo que quitar al enemigo las armas y el parque, porque nunca los han recibido del extranjero, no con el ha contraído compromiso alguno; el Sur, desinteresado y sin ambición, sereno y despojado de envidias, de pasioncillas y de rencores, insiste en su labor de unificación, porque sabe que sin ella naufragarán los principios, y que con ella se salvará la república.

Al hacer esta invitación patriótica y honrada, a todos los revolucionarios del país, no guía al sur otra mira, otro anhelo, otro interés, que el bienestar de todos, ni lo lleva otra ambición que la de evitar que por culpa de nuestras decisiones, se levante sobre los odios de facción un nuevo tirano que impida definitivamente el ansiado triunfo de los ideales.

Por eso el Sur, consecuente con sus principios de democracia y de libertad, solicita el concurso de todos, el acuerdo de todos, para la elaboración del programa común y para el establecimiento del gobierno que ha de llevar a la práctica las aspiraciones por las que pugnamos los revolucionarios.

[...]

Reforma agraria, reivindicaciones de justicia, constitución de las libertades municipales, implantación del parlamentarismo como sistema salvador del gobierno, abolición de caudillaje en todas sus formas, perfeccionamiento de los diversos ramos de la legislación para que responda a las necesidades de la época y a las exigencias crecientes del proletariado de la ciudad y del campo; todo esto seriamente meditado y discutido amplia y libremente por todos, formará la médula y el alma del programa revolucionario, la base y el punto de partida para la reconstrucción nacional.

A esta obra de patriotismo y de concordia, de fraternidad y de progreso, sólo los ambiciosos podrán eximirse de colaborar; sólo podrán negarse los que pretendan imponer su voluntad sobre la de los demás, los que quieran valerse de la Revolución para satisfacer miras personales, o para realizar propósitos de medro, de lucro o de venganza.

Pero los que vemos por encima de nuestras pasiones el bien de la causa, y más alto que cualquiera ambición el interés supremo de la República, comprendemos muy bien que ya es tiempo de unirnos y entendernos. Ha llegado la hora de que surja la paz de la victoria, la paz que sigue al triunfo, ya hace falta que vuelva la tranquilidad a los hogares, se cultiven los campos, se trabajen las minas, abran sus puertas los talleres, renazca el crédito nacional y francamente se encarrilen las actividades del pais por las vías del progreso.

[…]

A esa unión os invitan los revolucionarios del sur, sin ambiciones para el futuro, sin prejuicios para el presente, sin rencores para el pasado.

La aspiración del Sur es bien conocida; emancipar al indio, dar a todo campesino la extensión de tierra que necesite para proveer su subsistencia, devolver a los pueblos despojados sus propiedades y su libertad y dar oportunidad al jornalero, al peón de los campos, al esclavo de la hacienda o del taller, para que, por medio de la pequeña propiedad, se convierta en hombre libre, en ciudadano conciente, en mexicano orgulloso de su destino.

REFORMA, LIBERTAD, JUSTICIA Y LEY.

Cuartel General de Tlaltizapán, Mor., 15 de marzo de 1918
El General en jefe Emiliano Zapata

Manifiesto al pueblo mexicano
[*fragmentos*]

Estrechamente unidos por el ideal común y por la necesidad de conservar incólumes los principios, amenazados de muerte por la tiranía de Carranza, no menos que por las acechanzas e intrigas de la reacción; creemos que el primero y más alto de nuestros deberes es corresponder a la confianza que el pueblo mexicano ha depositado en nosotros, al encomendar a nuestras armas la defensa de sus libertades y el logro efectivo de sus reivindicaciones. Ha llegado, por lo mismo, el momento de formular ante él nuestra profesión de fe, clara y precisa, y de hacer franca manifestación de nuestros anhelos y de nuestros propósitos. ¿A dónde va la revolución? ¿Qué se proponen los hijos del pueblo levantados en armas?

La revolución se propone: redimir a la raza indígena, devolviéndoles sus tierras, y por lo mismo, su libertad; conseguir que el trabajador de los campos, el actual esclavo de las haciendas, se convierta en hombre libre y dueño de su destino, por medio de la pequeña propiedad; mejorar la condición económica, intelectual y moral del obrero de las ciudades, protegiéndolo contra la opresión del capitalista; abolir la dictadura y conquistar amplias y efectivas libertades políticas para el pueblo mexicano.

Tal es en esencia el programa de la revolución pero para desarrollarlo, para fijar puntos de detalle, para obtener la solución adecuada a cada problema y para no olvidar las condiciones especiales de ciertas comarcas o las peculiares necesidades de determinados grupos de habitantes, es preciso contar con el acuerdo de todos los revolucionarios del país y conocer la opinión de cada uno de ellos.

En cada región del país se hacen sentir necesidades especiales y para cada una de ellas hay y debe haber soluciones adaptables a las condiciones propias del medio. Por eso no intentamos el absurdo de imponer un criterio fijo y uniforme, sino que al pretender la mejoría de condición para el indio y para el proletario -aspiración suprema de la revolución-, queremos que los jefes que representen los diversos Estados o comarcas de la República, se hagan intérpretes de los deseos, de las necesidades y de las aspiraciones de la colectividad respectiva, y de esta suerte, mediante una mutua y fraternal comunicación de ideas, se elabore el programa de la revolución, en el que estén condensados los anhelos de todos, previstas y satisfechas las necesidades locales y sentado sólidamente el cimiento para la reconstrucción de nuestra nacionalidad.

A la inversa de Carranza, que ha impuesto su arbitrariedad y su personalidad mezquina sobre la conciencia revolucionaria, nosotros pretendemos que ésta sea la que haga valer, la que impere, la que regule y domine los destinos de la patria ante la cual desaparezcan las pequeñas ambiciones y los bastardos intereses.

[…]

Invitamos, pues, a la concordia y a la unión a todos los luchadores de buena fe, que desengañados ya de Carranza y convencidos de su falsía, estén dispuestos a volver al campo de la lucha y a unirse a los que combatimos porque sean una verdad las promesas de redención hechas al pueblo y que es preciso cumplir, aunque sea a costa de nuestra vida.

Y para que haya un documento en que conste nuestro solemne compromiso de cumplir y hacer cumplir las bases anteriores, estampamos al pie del presente nuestras firmas, con las que empeñamos nuestra dignidad de hombres y nuestro honor de revolucionarios.

Reforma, Libertad, Justicia y Ley.

Tlaltizapán, Morelos, 23 de abril de 1918
El General en Jefe del Ejército Libertador, Emiliano Zapata

Árbol genealógico de Emiliano Zapata

Datos para formar el cuadro genealógico de Emiliano Zapata Salazar

Estanislao Zapata casado con María Ventura		José Salazar casado con Vicenta Cerezo
	procrearon a	
Manuel, Petra, Cristino, José María, Gabriel		Alejandro, José, Rafael, Crispina, María, Simona, Cleofas
Gabriel Zapata casado hacia 1860 con Cleofas Salazar procrearon a		
	Pedro	
	Celsa	
N. hacia 1861	Loreto	
N. hacia 1864	Eufemio	M. 18 de junio, 1917
N. hacia 1866	Romana	
N. hacia 1870	María de Jesús	M. 8 de mayo, 1940
N. hacia 1874	María de la Luz	M. 9 de febrero, 1944
	Jovita	
N. 8 de agosto, 1879	Emiliano	M. 10 de abril, 1919
	Matilde	

Mujeres, hijos y nietos de Emiliano Zapata

Mujeres de Emiliano Zapata	Hijos de Emiliano Zapata	Nietos de Emiliano Zapata
Inés Alfaro Aguilar	—Guadalupe —Nicolás, nació en Villa de Ayala, Morelos, el 6 de diciembre de 1904. Murió el 17 de agosto de 1979 en la Ciudad de México. Está enterrado en Anenecuilco. Sus restos reposan en la misma tumba de su tío Eufemio. —Juan —Ponciano —María Elena Para el 3 de noviembre de 1943, solo quedaba vivo Nicolás, de acuerdo con un documento suscrito por Inés Alfaro Aguilar	Dos hijos de Nicolás con Victoria Fierros Cortés: —Diego —Alberta Doce hijos de Nicolás con Venancia Sandoval Gómez: —Romana —María Guadalupe —María Luisa —Eulogio —Irma —Cecilia Tres triates que murieron a las 24 horas de haber nacido. —Emiliano —Eufemio —Carlota Dos hijas de María Elena: —Elena Hernández Zapata —Carmen Hernández Zapata
Josefa Espejo Merino, nació en San Miguel de Anenecuilco el miércoles 19 de marzo de 1879. Murió el viernes 8 de agosto de 1968 en Villa de Ayala.	Felipe, nació hacia 1912 en el cerro El Jilguero y murió a la edad de cinco años, hacia 1917, mordido por una víbora de cascabel. Josefa, nació hacia 1913 en Tlaltizapán. Murió un año antes que Felipe, hacia 1916, por picadura de alacrán.	

Mujeres de Emiliano Zapata	Hijos de Emiliano Zapata	Nietos de Emiliano Zapata
Margarita Sáenz Ugalde, nació en Yautepec, Morelos, el 23 de julio de 1899. Murió en la ciudad de México el 17 de marzo de 1974. Está enterrada en Yautepec.	Luis Eugenio, nació en Tlapehuala, Guerrero, el 2 de diciembre de 1914. Murió en la ciudad de México el 10 de octubre de 1979. Enterrado en París en el cementerio de Pére-Lachaise. —Margarita —Gabriel Margarita y Gabriel murieron poco después de nacer.	Dos hijos de Luis Eugenio con Gloria Valenzuela: —Elio —Gloria Cinco hijos de Luis Eugenio con Hortensia de Choiseul Praslin: —Sergio —Luis —Ana María —Ernesto —Margarita
Petra Portillo Torres	Ana María Zapata Portillo, nació el 22 de junio de 1915 en Cuautla. Falleció el 28 de febrero de 2010, en Cuautla. Fue enterrada en el Panteón Municipal de Cuautla.	Tuvo siete hijos, de apellido Manrique Zapata, de su matrimonio con el telegrafista José Manrique, con quien se casó en 1943: —Isaías Manuel —Beatriz Ofelia —María del Carmen —Julieta Ana María *(Fanny)* —Lina Martha —Hermenegildo —Justino Hermenegildo y Justino, son gemelos que murieron poco después de nacer. María del Carmen falleció el 22 de junio de 2008.
María de Jesús Pérez Caballero, nació en Coahuixtla.	Mateo Emiliano Zapata Pérez, nació el 21 de septiembre de 1917 en Temilpa Viejo, Tlaltizapán, Morelos. Murió el 10 de enero de 2007 en Cuautla. Fue enterrado en el Panteón Municipal de Cuautla.	Tuvo cinco hijos, de apellido Zapata Espinosa, con su esposa Eloisa: —Sergio —Agustín Manuel —Lucrecia —Imelda —Margarita

Mujeres de Emiliano Zapata	Hijos de Emiliano Zapata	Nietos de Emiliano Zapata
Georgina Piñeiro	Diego Zapata Piñeiro, nació en Tlaltizapán el 13 de diciembre de 1916. Falleció el 20 de diciembre de 2008 en la Ciudad de México. Fue enterrado en el Panteón Municipal de Cuautla	Tuvo cuatro hijos, con su esposa, Gloria Cordero Torres: —Diego Alejandro —Eufemio Alex —Diego Emilio —Jorge Gabriel
Gregoria Zúñiga	María Luisa Zapata Zúñiga, nació en Quilamula.	
Luz Zúñiga	No tuvo hijos con ella	
Matilde Vázquez	Gabriel Zapata Vázquez	
	José ¿?	

testimonios

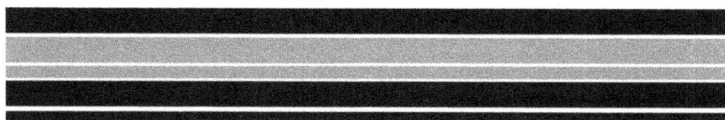

Autor: anónimo

Puestos de acuerdo los ricos,
—codicia los reunió—
la leva arrojó a Zapata
al noveno batallón.

Dolor, dolor de la leva,
en marcha la rebelión
cada fusil en la leva
es en pie una maldición.

—No llore usted comadrita.
No llore usted por favor,
que han de retornar sus hijos
a mitigar su dolor.

—Hermana, mi hermana dulce,
a tu hermano lo llevó
el polvo del remolino
que la leva levantó.

El viento mueve la caña
y la leva nos movió
del campo de verde claro
donde el ensueño creció.

—Anciano de blanco sino,
¿en dónde tu hijo quedó?…
—Se fue por esos caminos,
la leva se lo llevó.

—Amigo, mi amigo franco,
que a su amigo abandonó.
La leva se lo ha llevado,
no puedo quedarme yo.

Jacal que arrina su paja
su puerta se desgajó…
Labriego que va sin surco,
la leva los separó.

Se llevaron a Zapata.
La leva se lo llevó.
No pierdan la fe, muchachos,
¡Viva la Revolución!

Anenecuilco no cede.
—Nunca este pueblo cedió.
Cada hueco que dejaron
con otro hombre se llenó.

Los hacendados dijeron:
—Zapata es agitador,
y por eso lo mandamos
al noveno batallón.

(Corrido de la Leva, 1910)

Francisco I. Madero

Y por eso había crecido la idea y decían que yo era un gran patriota, y un hombre sincero, pero que me faltaba energía, que me faltaban dotes para gobernar porque no había mandado fusilar al general Zapata, y ustedes comprenderán, señores, que para eso no se necesitaba valor ni energía: se necesitaba ser un asesino y un criminal, para fusilar a uno de los soldados más valientes del Ejército Libertador.

(Tomado de un discurso de agosto de 1911)

Lo que pasa es que los infelices sirvientes de las haciendas, por tantos años esclavizados, han encontrado en él (en Zapata) un brazo fuerte que los proteja, por cuyo motivo es el ídolo del pueblo a la vez que los hacendados lo odian, porque es un obstáculo para seguir cometiendo sus abusos y una amenaza para sus privilegios indebidos.

(Telegrama enviado, agosto 19 de 1911)

En atención a los servicios que ha prestado usted a la causa durante la Revolución y la dificultad para mí de recompensar debidamente en los actuales momentos, quiero que sepa que no he dado crédito a las calumnias que han lanzado contra usted sus enemigos; que lo considero un leal servidor mío; que aprecio debidamente los servicios que usted prestó a la Revolución, en atención a lo cual, cuando yo llegue al poder le aseguro que le recompensaré debidamente sus servicios.

(Fragmento de carta, agosto 22 de 1911)

Francisco Villa

Usted cuyos sentimientos patrióticos y buenas intenciones en favor del Pueblo son bien conocidas, habiendolo demostrado con la actitud que ha asumido desde el año de 1910 en que ha luchado con constancia, por el bienestar del Pueblo Mexicano, se servirá esta vez como en las anteriores poner sus servicios tan valiosos a la disposición de la causa del Pueblo.

(Fragmento de carta, 22 de septiembre de 1914)

John Reed

Es un tipo radical, absolutamente lógico y perfectamente constante…
el hombre con quien hay que contar en cualquier futuro de México…
Su historia, o los trazos de ella que he podido oir, es tan maravillosa
como algunas de las mil y una noches. No creo que podamos tener una
imagen verídica de este asunto (la revolución mexicana) sin conocer a
Zapata.

(Fragmento de carta escrita en 1914)

Jesús Silva Herzog

A Emiliano Zapata nunca le importaron gran cosa las cuestiones políticas; él se levantó en armas…porque le encendió el alma la promesa
del artículo 3° del Plan San Luis. Desde niño había presenciado el des-
pojo de los terrenos de Anenehuilco, su lugar de nacimiento, y había
participado en las luchas del pueblo para recobrarlos; …Zapata… no
encendió la revolución en Morelos, la revolución lo arrastró a él y cum-
plió con su destino.

El plan de que se trata [Plan de Ayala] fue redactado por Otilio
Montaño y Emiliano Zapata…, el segundo, un campesino que apenas
sabía leer y escribir, pero ambos conocían bien la miseria que padecía
el habitante del campo; la habían sufrido en su carne y por eso tenían
idea de sus necesidades elementales insatisfechas y de sus anhelos
de mejoramiento individual y colectivo.

[Texto extraído del libro Breve historia de la Revolución Mexicana,
1960]

Subcomandante Insurgente Marcos

[…]
Hoy, acá en el sur de México, en el sur que era llamado, por nahuas
y por mayas, «el lado izquierdo del sol», donde se levanta el árbol de
las espinas rojas recordamos el árbol de vida, lucha y dignidad que
fue nuestro General Emiliano Zapata Salazar y traemos el mensaje de

la Otra Campaña y de la Sexta Declaración, el mensaje de lucha de abajo y a la izquierda que se encuentra en el sur, en el lado izquierdo del sol, con todos los que luchamos por un México más justo, más libre y más democrático, es decir, por Otro México. Y decimos esto porque bien sabemos que, cada tanto, la sangre del General Emiliano Zapata vuelve a hervir en los campesinos de Morelos y en todos los hombres, mujeres, niños y ancianos morelenses.

[...]

Tenemos que hacer hervir de nuevo la sangre de Emiliano Zapata en nuestras venas y, como él, no para tomar el poder sino para levantar desde abajo, creciendo con la gente humilde y sencilla un movimiento que derroque a los malos gobernantes, limpie nuestra patria de esos ladrones capitalistas, e inicie la construcción de otra patria, de otro país, de otro México.

[...]

Hoy, como Otra Campaña, les decimos que es necesario que vuelva a andar Emiliano Zapata con nuestros pasos, que es necesario levantarnos contra el rico y contra quien lo sirve, que es necesario tomar con nuestras manos lo que es nuestro: la tierra, las fábricas, los comercios, los bancos, la salud, la educación. Hoy debemos seguir luchando sí, pero ya no solos, sino unidos todos y todas los que, abajo y a la izquierda, somos el árbol que somos para levantar el mundo, pero ahora otro mundo, nosotros, nosotras, la Otra Campaña, el árbol que somos de la vida. Desde la Barranca de los Sauces, en Cuernavaca, en el otro Morelos, esperando para enfrentar el desalojo que pretenden los malos gobiernos panistas, y saludando a nuestro General en Jefe Emiliano Zapata Salazar.

(Fragmentos de discurso, 10 de abril, 2006)

Aquí estamos mi General, aquí seguimos. Aquí estamos porque estos gobiernos siguen sin memoria para los indígenas y porque los ricos hacendados, con otros nombres, siguen despojando de su tierra a los campesinos. Como cuando usted llamó a luchar por la tierra y la libertad, hoy las tierras mexicanas se entregan a los ricos extranjeros. Como entonces pasó, ahora los gobiernos hacen leyes para legitimar el

robo de tierras. Como entonces, los que se niegan a aceptar las injus-
ticias son perseguidos, encarcelados, muertos. Pero como entonces,
mi General, hay hombres y mujeres cabales que no se están callados
y se luchan para no dejarse, se organizan para exigir tierra y libertad.
Por eso le escribo a usted Don Emiliano, para que sepa usted que aquí
estamos, aquí seguimos.

[...]

Ya usted se acuerda de lo que le escribió a un presidente de los
gringos que se llamaba Woodrow Wilson, porque es bueno que los
gobiernos extranjeros sepan y entiendan de la lucha de los mexicanos.

[...]

Hay ahora leyes que atacan la propiedad comunal y el ejido (...).
Sí, tiene usted razón Don Emiliano, es una vergüenza. Y nosotros no
pudimos vivir ni morir con esa vergüenza y entonces nos recordamos
de la palabra «dignidad» y nos recordamos de vivirla y de morirla,
y dale que nos alzamos en armas, y que le decimos a todos que ya
basta, que hasta aquí nomás, que ya no, que exigíamos techo, tierra,
trabajo, pan, salud, educación, independencia, democracia, libertad y
paz, y que decimos que todo va en la democracia, la libertad y la justicia, y que para todos todo, y que para nosotros nada, y muchos oídos y
corazones nos escucharon sus palabras de usted, mi General, que se
hablaron en nosotros.

Como en sus días, Don Emiliano, los gobiernos han querido enga-
ñarnos. Hablan y hablan y nada que se cumple, como no sean las
matanzas de campesinos. Firman y firman papeles y nada que se haga
realidad, como no sean los desalojos y persecuciones de indígenas. Y
también nos han traicionado, mi General, y Guajardos y Chinamecas no
les han faltado, pero resulta que nosotros no muy nos dejamos matar.
Como que aprendimos, Don Emiliano, como que vamos todavía apren-
diendo.

[...]

Y sí, mi General, así como usted, nosotros entendimos que la tierra
y la libertad, la memoria pues, sólo se puede hacer cierta en la justicia.
Por eso nos alzamos en armas, como usted nos enseñó Don Emiliano,
por libertad y justicia. Y también vimos, como usted, que sólo podían

conseguirse con democracia. Y entendemos, como usted, que tenemos que luchar contra los malos gobiernos para obtener lo que nos pertenece.

[...]

Aquí vamos a seguir porque nosotros escuchamos muy adentro y porque hicimos nuestras esas sus palabras de usted que dijeron: «Que sigamos luchando y venzamos a aquellos que hace poco se han encumbrado, que ayudan a los que han quitado tierras a otros, los que para sí hacen muchos dineros con el trabajo de quienes son como nosotros, esos burladores en haciendas, ese es nuestro deber de honra, si nosotros queremos que nos llamen hombres de vida buena y en verdad buenos habitantes del pueblo».

Ya por último nomás le cuento Don Emiliano, pa'que se ría usted un rato, que estos malos gobiernos que tenemos todavía se están creyendo que pudieron asesinarlo a usted en esa tarde de abril de 1919. No saben que usted no se murió, que simplemente usted se hizo nosotros y que así se fue escondiendo y apareciendo en nosotros y en todos los campesinos sin tierra, en todos los indígenas olvidados. Ya ve usted mi General, qué desmemoriados salen estos gobiernos. Olvidan lo más importante, lo que usted y nosotros sabemos bien, Don Emiliano, es decir, que Zapata vive, que la lucha sigue.

(Fragmentos de una carta, 1997)

Roberto Fernández Retamar

La Revolución Mexicana ofrecería al mundo figuras legendarias como el líder agrarista Emiliano Zapata, vocero del campesinado pobre que quería tierras (no por gusto su nombre ha sido esgrimido por el Ejército Zapatista de Liberación Nacional).

[Texto extraído del libro Pensamiento de nuestra América. Autorreflexiones y propuestas, *2006]*

Hugo Chávez

Solo a través de la muerte pudieron frenar el impulso de la revolución impulsada por Zapata.

[Palabras pronunciadas en 2008]

Eduardo Galeano

Yo no creo en Dios, pero sí creo en el humano milagro de la resurrección. Porque quizás se equivocaban aquellos dolientes que se negaban a creer en la muerte de Emiliano Zapata, y creían que se había marchado a Arabia en un caballo blanco, pero sólo se equivocaban en el mapa. Porque a la vista está que Zapata sigue vivo, aunque no tan lejos, no en las arenas de Oriente: él anda cabalgando por aquí, aquí cerquita nomás, queriendo justicia y haciéndola.

(Fragmento del artículo «La independencia es otro nombre de la dignidad», *2011)*

Bibliografía de consulta

Textos de Emiliano Zapata en internet (http://www.bibliotecas.tv/zapata)

ALFONSO TARACENA: *La Verdadera Revolución Mexicana*, Editorial Porrúa, México, 1991 (Primera edición 1960).

Archivo General de la Nación: Serie *Revolución y Régimen Maderista*, Caja 1, carpeta 15, expediente 367.

BLANCO MOHENO, ROBERTO: *Zapata*, Editorial Diana, México, 1975.

BOYD, LOLA ELIZABETH: *Emiliano Zapata en las Letras y el Folklore Mexicano*, Ediciones José Porrúa Turanzas, S.A., Madrid, España.

CHÁVEZ PERALTA, SAÚL: *Emiliano Zapata. Crisol de la Revolución Mexicana*, Editorial Renacimiento, S.A., México, 1972.

DE FABELA, JOSEFINA E.: *Emiliano Zapata, el Plan de Ayala y su política agraria*, Editorial Jus, México, 1970.(Tomado de: Reyes H. Alfonso. *Emiliano Zapata, su vida y su obra*, México, 1963).

DROMUNDO, BALTASAR: *Emiliano Zapata*, México, Imprenta Mundial, 1934.

ESPEJEL, LAURA; ALICIA OLIVERA Y SALVADOR RUEDA: *Emiliano Zapata. Antología*, INEHRM, México, 1988. pp. 98-99 (Tomado de: Magaña, Gildardo: *Emiliano Zapata y el Agrarismo en México*, 5 vols. México, Editorial Ruta, 1951, tomo I, pp. 255-257).

Estado de Morelos (recopilación de Valentín López González): *Diccionario Histórico y Biográfico de la Revolución Mexicana*, Tomo IV. México, 1991, (Tomado de: Ediciones Antorcha, *Manifiestos*, México, 1986, 96 pp.

Instituto Nacional de Estudios Políticos, A.C. (INEP) http://www.inepg/ Recopilado por Doralicia Carmona, historiadora.

PALACIOS, PORFIRIO: *Emiliano Zapata* (datos biográficos e históricos), Libro Mex Editores, México, 1960.

Pacto de Xochimilco: *Emiliano Zapata - Francisco Villa*, Edición conmemorativa del LXIV Aniversario. Departamento del Distrito Federal. Dirección General de Acción Social y Cultural. México, 1978. Versión taquigráfica de la entrevista preliminar que celebraron los generales Villa y Zapata en Xochimilco, D. F., el 4 de diciembre de 1914, entre doce y media y después de las tres de la tarde.

REYES H., ALFONSO: *Emiliano Zapata, su vida y su obra*, México, B.I.F.,1963.

_____: *El Plan de Ayala. Sus orígenes y su promulgación*, Frente Zapatista de la República, México, 1949.

ZAPATA, EMILIANO: *Cartas*, Ediciones Antorcha, México, 1987. (Recopilación de Chantal Ramón Martínez Escamilla).

_____: *Escritos y documentos*, México, Editores Unidos Mexicanos.

_____: *Manifiestos*, Ediciones Antorcha, México, 1986 (Recopilación realizada por Chantal López y Omar Cortés).

VALDIOSERA, RAMÓN: *Zapata. 3,000 días de lucha*, Editorial Universo, México, 1982, pp. 72-75.

Bibliografía sobre la obra y el pensamiento de Emiliano Zapata y sobre el contexto histórico de la Revolución Mexicana

ACOSTA OVIEDO, MAGALY: *El referente ético: Emiliano Zapata*, 5 de septiembre de 2008 *(http://www.webislam.com/?idt=10851).*

CHÁVEZ, HUGO: *Recuerda Chávez ideales de Zapata, El Universal,* Caracas, Venezuela, 11 de abril de 2008 (http://www.elsiglodetorreon.com.mx/noticia/343930.recuerda-chavez-ideales-de-zapata. html).

_____: *Chávez evoca al revolucionario mexicano Emiliano Zapata,* Discurso íntegro del Comandante Hugo Chávez en la Cumbre de Unidad, Cancún, México. Venezuela, 25 de febrero de 2010. (http://www.revolucionomuerte.org/index.php/discursos/comandante-hugo-chavez/1091-discurso-integro-del-comandante-hugo-chavez-en-la-cumbre-de-unidad-cancun-mexico).

Documentos inéditos de Emiliano Zapata y el cuartel General Garciadiego, Javier: Textos de la Revolución Mexicana, República Bolivariana de Venezuela, Fundación Biblioteca Ayacucho, Caracas, Venezuela, 2010.

FLORES, IMER B.: La Constitución de 1857 y sus reformas: a 150 años de su promulgación (http://www.bibliojuridica.org/libros/5/2389/12. pdf).

GARCÍA JIMÉNEZ, PLUTARCO (coordinador): *Cuatro testimonios de veteranos zapatistas,* 2da edición, 2000. (http://www.bibliotecas.tv/ zapata/bibliografia/pdf/veteranos.pdf).

GONZÁLEZ CASANOVA, PABLO: *La democracia en México,* México, 1965.

GUERRA, SERGIO: *Breve historia de América Latina,* Editorial de Ciencias Sociales, La Habana, 2006.

LEGRETTI, ÁLVARO: *Emiliano Zapata y Porfirio Díaz. Los precursores, Proceso de una llama,* vol IV.

LIST ARZUBIDE, GERMÁN: *Emiliano Zapata, exaltación*, 6ta. edición, México, D.F., 1965.

LÓPEZ GONZÁLEZ, VALENTÍN: *Biografía de Emiliano Zapata, Diccionario Histórico y Biográfico de la Revolución Mexicana*, Tomo IV. Biografía de Zapata, pp 699-706 / Muerte de Zapata: pp 681-697.

MAGAÑA, GILDARDO: *Emiliano Zapata y el agrarismo en México*, México, D.F , 3ra. Ed., 1979, México, D. F., 1979.

MÁRQUEZ STERLING, MANUEL: *Los últimos días del presidente Madero*, La Habana, Imprenta El Siglo XX, 1917.

MOCTEZUMA BARRAGÁN, PABLO: *Vida y lucha de Emiliano Zapata*, Vigencia histórica del héroe mexicano, Editorial Grijalbo, México, 2000.

PAVLETICH, ESTEBAN: *Emiliano zapata, precursor de la reforma agraria americana*, Tierra Nueva, Lima,1959.

REED, JOHN: *México insurgente*,Ocean Sur, México, 2013.

RUIZ GARCÍA, ENRIQUE: *Emiliano Zapata; tierra y libertad*, Sucesores de Rivadeneyra, Madrid, 1966.

SILVA HERZOG, JESÚS: *Breve historia de la Revoluvión Mexicana*, Editorial de Ciencias Sociales, del Instituto del Libro, La Habana, Cuba, 1969.

_____: *El agrarismo mexicano y la reforma agraria*, Fondo de Cultura Económica, México, 1959.

SUÁREZ SALAZAR, LUIS: *Un siglo de terror en América Latina*, Ocean Sur, México, 2006.

SOTELO INCLAN, JESÚS: *Raíz y razón de Zapata*, México D.F., CCN-GEZ, 1979.

Tres revolucionarios, tres testimonios, Prólogo de Octavio Paz, tomo II, Ed. Colección Biografía, México,1986.

WOMACK, JOHN JR.: *Zapata y la Revolución Mexicana*, Editorial de Ciencias Sociales, La Habana, 1971.

vidas rebeldes es una nueva colección que pone a disposición del lector la historia de personalidades del pensamiento y de las luchas radicales, que la derecha ha pretendido ocultar o mantener en el olvido. En los títulos de **vidas rebeldes** se podrá encontrar una cuidadosa selección de textos elaborados por estos hombres y mujeres. Además, el rescate de sus historias mediante escritos que abordan su vida y su obra, permite entregar a nuevas generaciones de luchadores sociales, la memoria histórica de estos eternos combatientes.

.

Seven Stories Press
Jon Gilbert
140 Watts Street
US-NY, 10013
US
https://www.sevenstories.com
jon@sevenstories.com
510-306-6987

The authorized representative in the EU for product safety and compliance is

Easy Access System Europe
Teemu Kontttinen
Mustamäe tee 50
ECZ, 10621
EE
https://easproject.com
gpsr.requests@easproject.com
358 40 500 3575

ISBN: 9781925019711
Release ID: 153694849

www.ingramcontent.com/pod-product-compliance
Lightning Source LLC
Chambersburg PA
CBHW021152090426
42740CB00008B/1058